Nouvelles pratiques philosophiques en classe

enjeux et démarches

Nous remercions pour leur contribution

Emmanuèle Auriac-Peyronnet, M.C.F. IUFM d'Auvergne et laboratoire de psychologie de l'interaction, G.R.C., Nancy 2.
Alain Berestetsky, directeur de la Fondation 93, Montreuil.
Nicole Boudou-Roux, institutrice école élémentaire, Rodez.
Thierry Bour, professeur spécialisé des écoles, conseiller pédagogique de l'A.I.S., Melun.
Oscar Brenifier, docteur en philosophie, professeur de philosophie à l'école primaire, Nanterre.
Françoise Carraud, institutrice animatrice ZEP, co-rédactrice en chef des *Cahiers pédagogiques*, Chalon-sur-Saône.
Sophie Chartier, professeur des écoles, spécialisée en RASED.
Dominique Chauvet, institutrice, Chalon-sur-Saône.
Sylvain Connac, professeur des écoles, Montpellier.
Alain Delsol, instituteur, docteur en sciences de l'éducation et chargé de cours à Montpellier 3.
Marie Demathieu, coordonatrice «Carré de nature, carré de culture» à la Maison de l'innovation d'Auvergne.
Marie-Christine Douzamy-Blachère, professeur des écoles, Paris.
Thomas Duval, professeur de philosophie, Le Creusot.
Stéphane Gardé, intervenant philosophe, Clermont-Ferrand.
Michelle Héricourt, institutrice école primaire, Saâcy-sur-Marne.
François Housset, animateur de débats philosophiques, Paris.
Bruno Jay, professeur de philosophie, Le Creusot.
Olivier Jeunet, instituteur animateur ZEP, Chalon-sur-Saône.
Bruno Magret, animateur socio-culturel et philosophe, Bois-Colombes.
Agnès Pautard, enseignante à l'école primaire, Lyon.
Jean-Charles Pettier, professeur de philosophie, docteur en sciences de l'éducation, IUFM de Créteil.
Michel Tozzi, professeur d'université à Montpellier 3.
Samantha Van Geenhoven, professeur des écoles, Cers, Hérault.

Ce volume constitue les actes du colloque «Nouvelles pratiques philosophiques à l'école»
INRP-Fondation 93 CNEFEI, Paris, 25 et 26 avril 2001.

La collection « Documents, actes et rapports pour l'éducation »
est dirigée par Jean-Michel LECOMTE, CRDP de Bourgogne.

Composition : Marie-Pierre Lehérissey
Illustration de la couverture : Érik Deroost

© CRDP de Bretagne, mai 2002
e-mail : crdp.edition@ac.rennes.fr

Tous droits de traduction, de reproduction et d'adaptation réservés pour tous pays.

«Le code de la propriété intellectuelle, n'autorisant, aux termes des articles L. 122-4 et L. 122-5, d'une part que «les copies ou reproductions strictement réservées à l'usage privé du copiste et non destinées à une utilisation collective» et, d'autre part, que les analyses et les courtes citations dans un but d'exemple et d'illustration, «toute représentation ou reproduction intégrale ou partielle faite sans le consentement de l'auteur ou de ses ayants droit ou ayants cause est illicite.» Cette représentation ou reproduction, par quelque procédé que ce soit, sans autorisation de l'éditeur ou du Centre français de l'exploitation du droit de copie, constituerait donc une contrefaçon sanctionnée par les articles 425 et suivants du code pénal.

ISSN 1159-6538
ISBN 2-86634-360-3

DOCUMENTS

ACTES ET RAPPORTS

POUR L'ÉDUCATION

Nouvelles pratiques philosophiques en classe

enjeux et démarches

sous la direction de
Michel Tozzi
préface de
Anne-Marie Perrin-Naffakh

CRDP *de* Bretagne

Préface

*Anne-Marie Perrin-Naffakh,
directrice de l'Institut national
de recherche pédagogique.*

Si l'accueil réservé à un ouvrage est souvent incertain, ce livre s'annonce avec une quasi-certitude, qui est de ne pas faire l'unanimité.

Non qu'il recherche si peu que ce soit la provocation, pas plus qu'il ne cherche à s'aligner sur un engouement contemporain, superficiel sinon factice, pour la chose philosophique. Mais, comme lors du colloque qui est à la base de ce recueil, les contributions réunies ici prennent lucidement le risque de passer outre aux vérités établies, donc de déranger et de susciter la contestation.

Le titre n'en fait pas mystère, même si c'est seulement au fil du texte que la référence à la classe s'avère peu conformiste, puisqu'elle renvoie non pas aux terminales de l'enseignement général mais à des espaces ou à des niveaux où la philosophie est pour le moins inhabituelle : le lycée professionnel, l'école primaire, les sections réservées à l'adaptation et à l'intégration scolaires. La qualification de « nouveauté », dans le débat éducatif français, a toute chance de susciter autant de défiance que d'appétence. Mais c'est peut-être la formule « pratiques philosophiques » qui recèle la clé du livre – formule faussement anodine, que les usages en vigueur ont pourtant fini par ériger en une sorte d'oxymore.

L'originalité du livre est double : dans la polyphonie qu'il orchestre autant que dans son propos. Il est en effet peu commun qu'une vraie coopération s'instaure entre des philosophes patentés et des maîtres de classes élémentaires ou de SEGPA. Ceux-ci apportent la diversité de leurs expériences, de leurs enthousiasmes et de leurs inquiétudes. Ceux-là, sachant de façon méritoire ne jamais s'ériger en détenteurs du vrai savoir, introduisent l'indispensable distanciation que permettent l'analyse de contexte et la mise en perspective épistémologique.

Les textes introductifs d'Alain Berestetsky et de Michel Tozzi sont exemplaires de cette démarche aussi résolue que dénuée d'arrogance magistrale. La structure en diptyque de l'ouvrage (Enjeux et principes / Mise en place de pratiques) reflète cette complémentarité organique. Et le dialogue qui s'instaure entre les contributeurs est emblématique de ce qui se trouve précisément préconisé : la nécessité de l'examen critique et de l'invention raisonnée, l'efficacité d'une écoute aussi exigeante que respectueuse de l'autre.

Car c'est bien l'art du débat, et du même coup les finalités premières de la philosophie, qui sont au centre de la vingtaine de textes qui suivent – sans que soient à aucun moment esquivés les doutes que peuvent susciter les options prises. Il est symptomatique qu'une large part des titres se présentent en forme d'interrogations. La question de la légitimité traverse avec insistance le premier chapitre. Est-il concevable, pertinent, productif de faire descendre la philosophie de ses promontoires institutionnels ? Et, dès lors que ce pari est hardiment pris, s'agit-il encore de philosophie ?

La référence à la maïeutique socratique peut sembler hasardeuse autant que séduisante car le « banquet de la connaissance » requiert un ensemble de conditions qui ne s'improvisent guère. Comme le rappelle Alain Berestetsky, le débat ne suffit pas à créer un acte philosophique. Chacun sait combien le risque de vacuité du propos se profile derrière l'emploi – devenu si banal – du verbe échanger construit comme un intransitif. On ne peut *échanger* que quelque chose, des biens ou des idées. De très jeunes enfants, des adolescents en échec scolaire sont-ils à même de dépasser la subjectivité d'un vécu immédiat, de relativiser les opinions ambiantes ? Les enseignants ont-ils la capacité de conduire un questionnement aussi rigoureux que libérateur ?

Ces incertitudes ne sont pas répudiées au nom du militantisme. Mais le défi est fermement posé : introduire dans la classe par la valorisation du questionnement une alternance à la verticalité de la parole magistrale, donc une relation moins dogmatique au savoir telle, comme le propose Michel Tozzi, qu'elle ne réduise pas l'école à une culture de la réponse obligée. D'aucuns s'en effaroucheront de suite et vont convoquer le spectre du pédagogisme exterminateur de la connaissance. Plutôt que d'activer une fois de plus la querelle de sourds qui oppose traditionalistes et innovateurs, il serait judicieux d'examiner sans parti pris ce que ce renversement (de toute façon circonscrit à des « ateliers philosophiques » ou à des « temps philo ») est susceptible de produire.

Des conclusions catégoriques seraient prématurées : les expériences relatées n'ont pas été conduites par esprit de système mais par approximations et tâtonnements, sur la base d'intuitions autant que de principes. Pour autant, de l'ensemble des textes qui suivent, se dégage la redécouverte de quelques évidences premières : que la pensée ne s'informe que dans et par le langage ; que c'est par l'emploi du mot et de la phrase justes qu'on accède à la réflexion et au concept ; que prendre la parole, exposer un point de vue, s'efforcer de convaincre mais accepter d'être contredit sont des actes fondamentaux du comportement social.

Loin de mettre en péril la vocation formatrice et civilisatrice de l'école, un espace accordé à une prise de parole de l'élève qui soit à la fois libre et régulée lui permettra de se construire une perception cohérente de soi et du monde dont il doit être partie prenante.

Encore faut-il que l'enseignant sache, par moments, privilégier l'écoute sur la profération... La formation des maîtres gagnerait à coup sûr à en intégrer l'exigence. Elle y ralliera d'autant mieux que sera comprise et admise cette singulière aventure de la philosophie hors de ses chemins balisés. Les textes qui suivent ne peuvent manquer d'y contribuer.

∴

Ouvrir le banquet de la connaissance

Alain Berestetsky,
directeur de la Fondation 93.

EFFET DE MODE pour certains, réponse universelle à une crise de la communication pour d'autres, la philosophie a abandonné, en quelques années, son costume de brillant acteur de second plan pour être projetée au-devant de la scène. Les cafés l'ont installée entre la pompe à bière et le percolateur, les places se transforment en forum de la pensée, nombreux sont les espaces qui se « philosophisent » ainsi peu à peu. L'éducation n'a pas échappé au phénomène : la philosophie a forcé les grilles qui la reléguaient en toute fin de cycle secondaire.

La philosophie envahit ainsi l'école par une série d'expériences, certaines conduites directement par les enseignants, d'autres en partenariat avec des intervenants extérieurs, de la maternelle au lycée professionnel. La plupart des expériences ne se donnent pas pour but d'enseigner la philosophie mais d'introduire à une pratique culturelle faisant appel à cette discipline. Travail de mixité écornant nécessairement la pureté de la démarche classique. Travail plus vulgaire que de vulgarisateur disent les authentiques gardiens de la caverne platonicienne.

La Fondation 93[1] a, pour sa part, découvert la philosophie par hasard, par colère aussi, celle qui peut vous saisir devant le désarroi de certains élèves relégués aux confins du système et pour lesquels l'offre culturelle s'exprime le plus souvent en termes d'utilitarisme. Ces élèves à qui les partenaires socioculturels proposent un peu de technique ou un peu d'informatique parce que « cela pourra toujours leur servir ».

À l'inverse, nous avons supposé que, plus que d'autres, ils avaient besoin de comprendre le monde, d'y trouver leur place et leur rôle... donc de philosopher. C'est pourquoi nous avons proposé aux Segpa[2] de Seine-Saint-Denis – ces classes aux sigles changeants qui cachent mal le statut précaire de leurs élèves, à l'extrême limite de l'exclusion – une opération de partenariat culturel dont la philosophie serait le moteur principal. Près de la moitié de ces Segpa ont instantanément répondu à la proposition baptisée « Carré de nature, carré de culture ». Titre qui tente de dire aussi bien l'ambition que les limites de l'expérience.

Le colloque « nouvelles pratiques philosophiques »

C'était en 1996, nous nous pensions « inventeurs » et nous avons découvert que nous faisions partie d'une famille, celle de tous ceux qui, ayant mis le nez à la

1. Voir notes p. 12.

fenêtre, s'étaient fait enrhumer par le vent de la philosophie qui flottait dans l'air du temps. Un vent salutaire qui venait à point nommé secouer les branches des arbres centenaires des cours d'écoles. Cette famille, qui professait haut et fort sa recherche de pratiques buissonnières, nous est apparue plus nombreuse de jour en jour. Les philosophes partenaires de « Carré de nature, carré de culture » nous aidaient à pointer les expériences, nous signalaient des cousinages naturels. Des connivences se nouaient au fil des colloques, au hasard des rencontres. Nous apprenions tel monsieur Jourdain que nous faisions du « pédagogisme anti-républicain » sans le savoir ; ce qui ne manquait pas de nous surprendre, nous qui pensions précisément qu'être défenseur d'une République pour tous consistait avant tout à se battre pour la pédagogie. Une évidence se faisait jour : nous perdions à ne pas partager avec le reste de la famille, à ne pas croiser les regards, voire à croiser un peu le fer.

Car le paysage des pratiques philosophiques nouvelles n'était pas sans nuages, des rumeurs se faisaient entendre parlant de groupes divergents, d'écoles de pensées en opposition. Nous constations, pour notre part, que les lignes de partage étaient difficiles à tracer avec précision, que la nuance s'imposait et que tous semblaient sincèrement animés d'une même passion pour le public auquel ils s'adressaient.

Nous notions surtout que l'enthousiasme des enseignants et des élèves, qui partageaient avec nous « Carré de nature, carré de culture », ne s'émoussait pas. Il s'affûtait même, l'ambition devenait plus affirmée, les réalisations plus exigeantes. Nous avons donc tenté, nous qui n'avions aucune légitimité à le faire, de proposer à la famille une rencontre nationale. Proposition d'authentiques naïfs qui ont pu ainsi en toute innocence traverser sans encombre le terrain réputé miné des nouvelles pratiques philosophiques.

Ces rencontres que d'aucuns prédisaient explosives ont été sereines, amicales même. Elles ont bénéficié de l'accueil bienveillant et éclairé de l'INRP [3] et du CNEFEI [4], indiquant ainsi une double reconnaissance de leur intérêt du point de vue de la recherche et des enseignants spécialisés.

Interroger ces nouvelles pratiques philosophiques

Après deux jours de débats, bien des questions restent ouvertes. En tout premier lieu, celle de savoir si oui ou non les participants font de la philosophie. Question complexe qu'il convient de ne pas refermer trop vite par une réponse strictement militante. Toutes ces interrogations recouvrent souvent un questionnement plus large, interrogeant l'ensemble du champ pédagogique et il convient de résister au désir de conclure trop vite, pour laisser ouvert un authentique débat public.

S'il est vrai, par exemple, que la philosophie donne sens à la nécessaire introduction du débat dans l'école, la pratique de ce débat ne crée pas nécessairement un acte philosophique. Face à leurs détracteurs, les expérimentateurs ont à expliciter la dimension philosophique de leurs opérations, à démontrer en quoi ils ne sont pas de simples animateurs, toujours bien perçus par la communauté des élèves. À expliquer en quoi c'est souvent précisément la difficulté d'accès à une pensée construite qui motive les élèves. Ceux-ci réagissant alors comme des « amateurs » à qui est proposée une compétition authentique. Les élèves des filières courtes résument parfaitement cette contradiction : tous se glorifient de « faire de la philosophie » alors qu'ils pensaient qu'elle resterait pour eux un continent interdit. Ces pratiques, pour répondre aux vœux de Bernard Charlot[5], donnent alors « plaisir et sens » au rapport au savoir.

La difficulté d'évaluer l'innovation

Il conviendra cependant de toujours garder à l'esprit que toute innovation, scolaire ou non, est potentiellement victime de deux effets.

L'« effet évaluation » tout d'abord : il est bien connu et largement démontré qu'on demande à l'innovation un taux de réussite proche de 100 % alors qu'on tolère parfaitement de la tradition qu'elle s'inscrive dans la fameuse règle empirique des trois tiers, qui autour des 30 % de moyens, répartit par moitié les bons et les mauvais. Cette évaluation exigeante à laquelle on soumet sans nuance l'innovation oublie souvent au passage d'adapter les critères de l'analyse à la nature particulière de l'expérience. Il est évident, par exemple, que telle opération qui se fixe pour but l'expression orale peut difficilement être évaluée... par l'écrit. Ce jeu subtil d'une évaluation ne prenant pas en compte les paramètres et les objectifs de départ du processus expérimental, pour lui appliquer brutalement des critères qui lui sont étrangers, permet de condamner sans appel nombre d'innovations. Le raisonnement est connu, il permet au scientifique de la fable d'expliquer qu'une puce devient sourde lorsqu'on lui retire toutes ses pattes. À ce premier effet d'une évaluation objective parfaitement hors contexte qui assomme déjà fortement l'innovateur vient se surajouter l'effet sac à dos.

Chaque domaine a son sac à dos, rempli de l'ensemble des interrogations à la fois éternelles et ponctuelles que plus personne ne traite véritablement. Celui de l'école contient pêle-mêle : le rôle et la place de l'enseignant, de l'élève, de l'institution, l'évolution de la pédagogie, de ses contenus comme de ses formes, l'interdisciplinarité, le travail en équipe, l'ouverture de l'école pour ne citer que les plus évidents. Ce sac à dos est posé, invisible, dans les établissements scolaires et le premier qui fait mine de tenter une expérience se voit automatiquement sommé de le porter avant de faire un pas supplémentaire. Il doit alors, en plus de l'expérience particulière qu'il conduit, prouver qu'il a résolu l'ensemble des questions déposées dans le sac.

Pris en tenaille entre l'effet évaluation et l'effet sac à dos, nul ne s'étonnera alors que l'innovateur, ainsi surévalué d'un côté et surchargé de l'autre, soit souvent jugé mal équilibré et qu'il trébuche quelque peu. Pourtant, s'ils sont souvent évoqués avec mauvaise foi, ces deux effets ne doivent pas servir de paravents aux expérimentateurs. L'évaluation sincère doit être recherchée et les questionnements du sac à dos être examinés un par un, l'innovation devant en permanence s'interroger sur sa tendance à résoudre ou aggraver les difficultés du rapport au savoir. Le succès apparent des opérations peut n'être qu'un artefact dû, avant tout, à un rejet du système traditionnel par les élèves et les professeurs, avides d'une bouffée d'ouverture et de modernité.

C'est ce que devraient tenter de mettre en lumière de futures rencontres[6] qui, au-delà d'une reconnaissance mutuelle, devront s'attacher à souligner les spécificités de chaque expérience. En se méfiant toutefois de la tentation d'édicter de nouvelles normes trop strictes qui interdiraient à leur tour à une nouvelle génération d'innovateurs de participer au grand banquet de la connaissance.

NOTES

1. Fondation 93, centre de culture scientifique et technique basé en Seine-Saint-Denis. L'association poursuit depuis vingt ans un travail de confrontation du public aux démarches culturelles interdisciplinaires. Dans le cadre de ce travail, le label « Passeport Découverte » propose au monde scolaire des opérations qui s'appuient soit sur une proposition des enseignants, soit sur une initiative de l'association.
2. Segpa : section d'enseignement général professionnel adapté.
3. INRP : Institut national de la recherche pédagogique.
4. CNEFEI : Centre national d'études et de formation pour l'enfance inadaptée.
5. *Le Rapport au savoir et à l'école en milieu populaire*, éd. Profession banlieue, janvier 2002.
6. Colloque « Quelles pratiques de la philosophie à l'école et dans la cité » organisé à Rennes par le CRDP de Bretagne les 22 et 23 mai 2002.

CHAPITRE I

ENJEUX ET PRINCIPES
DE CES NOUVELLES PRATIQUES PHILOSOPHIQUES

Qui interroge qui ?
Nouvelles pratiques philosophiques et philosophie

Michel Tozzi,
professeur d'université à Montpellier 3.

FAIT NOUVEAU dans le paysage éducatif français, de nouvelles pratiques dites philosophiques se développent notamment à l'école primaire [1], en collège [2] (y compris en Segpa [3]) et en lycée professionnel. Ces pratiques s'inscrivent dans un renouveau de l'intérêt de la philosophie dans ce pays (ouvrages philosophiques à grand tirage, développement des cafés-philo [4], etc.).

Dans la mesure où une pratique à visée philosophique met au centre de sa démarche l'étonnement (Aristote), l'interrogation (maïeutique socratique, doute cartésien), elle pose, aux niveaux pédagogique et didactique, l'écoute et la prise en compte du questionnement existentiel de l'enfant, et plus généralement, par cette culture de la problématisation, le statut de la question par rapport à la réponse dans la classe.

À partir du moment où elle ouvre un lieu d'expression de la parole réfléchie de l'élève et de confrontation raisonnée entre pairs, cette pratique interroge sur le rôle du maître, d'une part dans la façon dont va se construire un rapport non dogmatique au savoir, d'autre part dans la manière dont va se redéployer le rapport au pouvoir dans la classe.

Examen philosophique de ces pratiques

Ces nouvelles pratiques se désignant ou étant désignées comme philosophiques, il est légitime que la philosophie, en tant que discipline culturelle ou matière enseignée, interroge la pertinence du qualificatif, par l'intermédiaire de ses professionnels de la recherche et de l'enseignement.

La formation en philosophie des enseignants

La question pourrait être tranchée assez vite lorsque ce sont des professeurs de philosophie qui portent de telles pratiques : c'est le cas de l'expérimentation dans

1. Voir notes p. 22.

quelques académies de la philosophie dans les baccalauréats de certains lycées professionnels par des professeurs de philosophie volontaires (Nantes depuis 1998, Montpellier depuis 1999, Reims depuis 2000...). C'est le cas de même pour ceux, volontaires aussi, qui interviennent dans des classes de Segpa de collège, à l'initiative de la Fondation 93. On constatera enfin que nombre d'expériences de l'école primaire sont lancées par des professeurs d'école eux-mêmes titulaires d'une licence voire d'une maîtrise de philosophie, manière de prolonger le lien avec leur discipline d'étude. On peut penser que la professionnalité de leur formation ou de leur statut assure la garantie du caractère philosophique des pratiques concernées.

Mais qu'en est-il de la «philosophicité» de pratiques d'instituteurs sans formation philosophique supérieure? *A fortiori* quand l'instituteur intervient très peu dans la discussion entre pairs, voire pas du tout, comme dans le protocole proposé par J. Lévine[5]?

À quel âge philosopher?

Ce n'est pas seulement la formation des enseignants qui est en cause, mais l'âge et les particularités de certains élèves. La tradition philosophique a soulevé dès l'origine la question de l'âge du philosopher comme condition de possibilité de l'exercice de la raison. Platon pense que l'on ne peut philosopher qu'à un âge mûr (quarante ans, celui de la vieillesse à l'époque). «Nous avons été enfants avant que d'être hommes» dit Descartes, qui pense avec Kant que la raison est rupture avec l'enfance de l'humanité, celle des préjugés, qu'il faut re-dresser. «La chouette de Minerve se lève tard à la tombée de la nuit» poursuit Hegel...

Comment une discipline aussi abstraite pourrait-elle être maîtrisée par des enfants balbutiant un langage approximatif, sans la précision duquel il ne peut y avoir aucune conceptualisation?; privés du sous-bassement des opérations logico-formelles (Piaget), sans lesquelles il ne peut y avoir de raisonnement cohérent?; engoncés dans le concret de leur vécu, piégés par l'affectif et les opinions socio-culturelles de leur milieu? Peut-on réfléchir sérieusement sans un minimum de maturité psychique, sans une culture générale de base et sans s'appuyer sur la tradition réflexive de l'histoire de la philosophie?

Et si l'on en juge par les orientations prises (des discussions avec et entre les enfants), comment pouvoir appeler «philosophie» des pratiques purement orales, sans la distanciation, la précision et la cohésion de l'écrit, et des échanges entre pairs d'opinions-préjugés dans la classe, devenue le dernier café du commerce?

Comment de même un adolescent de collège pourrait-il vraiment philosopher et cheminer dans une recherche maîtrisée par sa raison, à l'âge où, en crise identitaire, il cherche à s'affirmer dans l'opposition socio-affective et à s'accrocher à quelques certitudes pour contenir son moi craquelé? Et est-ce bien sérieux de proposer une ascèse intellectuelle en Segpa ou en lycée professionnel à des élèves en difficulté, voire en échec scolaire sur les plans langagier, conceptuel et culturel, et en révolte contre l'école?

Les exigences d'un apprentissage philosophique

Il ne suffit pas de parler pour penser : on peut s'en tenir à du narratif (cf. le « Quoi de neuf ? » de Freinet). Ni même de débattre : on peut échanger démocratiquement des préjugés avec un bon régulateur de la parole (débat « doxologique »). Ni même d'un débat argumenté : on peut chercher à convaincre au sens de vaincre (le débat « éristique » selon Aristote), lutter contre un adversaire pour triompher, et non chercher avec lui la vérité (débat « heuristique »). On peut développer des capacités argumentatives avec du pour et du contre sans aucune culture du questionnement… et on fabrique des vendeurs, des publicitaires, des propagandistes ! Or une thèse est une réponse à une question qui est un problème parce qu'il y a des enjeux. L'argumentation sans problématisation est une sophistique.

Bref, introduire la philosophie à l'école primaire, au collège et pour des élèves en échec scolaire serait forcément en rabattre sur les exigences intellectuelles indispensables à la rigueur d'un apprentissage philosophique digne de ce nom.

Voilà des objections fortes adressées par l'institution philosophique à ces nouvelles pratiques, que l'on ne saurait, sans légèreté coupable pour la pensée, passer à la trappe. Elles ne sont pas nouvelles. Elles ont alimenté le débat entre philosophes eux-mêmes : Calliclès discutant avec Socrate, Montaigne dans le chapitre XXVI de ses *Essais* ainsi que Nietzsche sont favorables à un apprentissage précoce de la réflexion. Le GREPH [6], créé par J. Derrida, proposait il y a plus de vingt ans de commencer la philosophie en sixième, mais l'Inspection générale de philosophie et l'Association des professeurs de philosophie de l'enseignement public ont toujours jusqu'ici refusé de l'étendre en première… Ces questions alimentent encore les polémiques actuelles sur l'enseignement philosophique [7]. Leur pointe vive doit être l'aiguillon d'une vigie réflexive pour tous ceux qui osent le philosopher en amont de la terminale, et hanter l'horizon des dérives qui menacent en permanence toute innovation. On ne peut se contenter d'être encouragé par d'autres philosophes et d'autres professeurs de philosophie, favorables à ces pratiques, dès lors qu'on veut assumer en connaissance de cause le caractère « philosophique » de sa pratique.

Questions des enfants à la philosophie

Si les positions des philosophes et des professeurs de philosophie divergent sur l'âge du philosopher, c'est parce qu'elles reposent sur des conceptions différentes de la philosophie, du philosopher, de l'enseignement philosophique et de l'apprentissage du philosopher. Ces nouvelles pratiques peuvent alors contribuer à alimenter le débat.

Philosopher par le débat

L'expérimentation de la philosophie en baccalauréat professionnel s'est faite suite à la demande des élèves dans la consultation Meirieu sur les lycées. L'Inspection générale, dans son rapport d'étape (juillet 2000) constate que compte tenu des difficultés de ces élèves, « l'oral offre une meilleure prise à l'exercice philosophique » (p. 8) et que « les élèves manifestent une forte capacité de parole et de débat » (p. 5). Voilà qui interroge le modèle canonique de l'enseignement philosophique français, où l'on apprend à philosopher par le cours du professeur, l'écriture (de dissertation), et la lecture (de grandes œuvres). Elle ouvre la piste selon laquelle on peut apprendre à philosopher à l'oral et par le débat. C'est à la didactique, en relation étroite avec les praticiens de terrain, de préciser alors les conditions de cette possibilité.

De même, d'une analyse des interventions de philosophes dans le cadre de l'opération « Carré de nature, carré de culture » de la Fondation 93, G. Pérez, professeur de philosophie précise, dans un rapport INRP 1999-2000, que « la philosophie ne peut avoir une chance de trouver son public et ses acteurs en Segpa que si elle trouve un mode singulier d'affirmation […] À la relation verticale traditionnelle […], ces séances substituent une relation plus complexe entre enseignants et apprenants qui vise à l'instauration d'une pensée heuristique commune […] Le modèle le plus efficace, selon nous, associe l'ensemble des intervenants dans une « communauté de recherche du vrai », qui s'appuie sur de véritables débats socratiques où, grâce à un système de questions progressives, un groupe d'élèves parvient à définir l'essence d'une notion ou les termes et les enjeux d'une problématique. » J.-C. Pettier a tenté, en didacticien, d'opérationnaliser de telles séances participatives dans sa thèse [8].

Partir des questions des enfants

Beaucoup plus que de positions doctrinales décrétant *a priori* l'impossibilité pour un enfant ou un adolescent de philosopher, la recherche pédagogique part plutôt des difficultés réelles rencontrées, tant du côté des enfants que des maîtres, pour apprendre à philosopher à cet âge. Et c'est face à autant de défis que sont expérimentées pragmatiquement, puis à partir de là formalisées et théorisées, des pistes de dépassement de certains obstacles. Au fond, il s'agit d'explorer la « zone proximale de développement » (du philosopher) dont parle Vigotsky.

Que rencontre-t-on alors ? Les questions des enfants. Des questions diverses, manifestant la curiosité du nouveau venu devant le monde. Dont certaines sont massives, princeps, radicales, au point que Grothuisen définit la métaphysique comme « la réponse aux questions des enfants ».

– Pourquoi la lune, c'est pas le soleil ?
– Pourquoi des parents ils connaissent Dieu et d'autres pas ?
– Pourquoi on mange les animaux et pas les hommes ?
– À quoi ça sert d'aimer ?
– Est-ce qu'il faut tous être copains ?
– Est-ce que le monde il existe quand je ferme les yeux ?

Et ces questions embarrassent les parents et les maîtres, non pas parce que ce sont des enfants, ou pas seulement, mais parce que ce sont des questions qui les renvoient à leurs incertitudes. Ici c'est l'enfant qui donne à penser à l'adulte, par cet étonnement dont parle Aristote et qui est l'origine même de la philosophie. L'enfant en tant qu'homme, même petit et peut-être même parce qu'il est petit, et dès qu'il est petit, est porteur d'un questionnement existentiel. Si philosopher c'est d'abord interroger le sens de son rapport au monde, à autrui, à soi-même, comment ne pas considérer le questionnement de l'enfant comme une posture philosophique? Ce questionnement est sincère, habité, sans attitude de « distinction » (Bourdieu), sans apprêt rhétorique, sans jeu de l'esprit, porté par ce « désir de savoir » qui constitue la philosophie. Il ne s'agit pas de mythifier une « enfance philosophe », mais de comprendre le sens, que nous qualifions de philosophique, du questionnement de l'enfant.

Des questions sont donc adressées par les enfants et les élèves à l'adulte, à l'enseignant, et donc à l'école. Sont-elles seulement écoutées, ou considérées comme hors sujet, car « non au programme », différées parce qu'ils sont « trop petits », ou réorientées (par souci de laïcité?) vers les familles? Bref occultées, refoulées par l'école?

Ou sont-elles entendues? Et si elles sont entendues, le sont-elles d'abord psychologiquement (« mes parents, plus tard, ils vont mourir? ») : comme une angoisse à calmer par une sécurisation affective immédiate, et une réponse bouche-trou de la béance? Sont-elles entendues scientifiquement (« après la mort, on continue à rêver? »): comme susceptibles de réponses arrêtées, provisoires certes, mais pour l'instant partagées, et donc satisfaisantes (« la mort comme électroencéphalogramme plat »)? Peuvent-elles être entendues aussi philosophiquement (les deux questions précédentes ouvrent sur le sens de la mort et de ses conséquences): comme une énigme humaine à mettre et remettre rationnellement en chantier, et sans délai, c'est-à-dire quand le problème est posé dans la classe.

La culture du questionnement

L'élève en tant qu'enfant et petit d'homme convoque la philosophie à l'école. Celle-ci peut-elle se dérober? Que fait l'école des questions existentielles des enfants, et quel doit être son rôle? L'institution philosophique a tranché: on attendra la classe terminale. Comment se fait-il que les enseignants de philosophie et leurs représentants ne s'intéressent pas, non pas aux questions des enfants, car elles sont souvent philosophiques, mais aux enfants qui les posent? Quel est le sens philosophique, mais aussi psychologique, sociologique, historique de cette surdité à l'enfance qui questionne? Pourquoi ne voir dans l'enfant que celui qui répond par l'opinion et le préjugé, et non celui qui questionne sur le sens?

À ne pas prendre au mot ses questions, dans leur contenu conceptuel et pas seulement dans leur affect, à différer scolairement leur prise en compte, on prive l'enfant d'une culture du questionnement, on condamne l'école à une culture de la réponse. Et l'on s'étonne alors qu'en terminale ce soit le professeur qui doive poser à l'élève les questions philosophiques, comme si c'était ses questions à lui et non aussi celle des élèves. Alors qu'en primaire, ce sont les élèves, dès qu'on leur laisse un espace de parole et que l'on écoute, qui posent des questions à l'enseignant…

N'est-ce pas l'école qui, en refermant trop tôt la question, n'arrive plus à la réouvrir ? Qui crée elle-même, comme disent les didacticiens, le problème de la « dévolution de la question aux élèves » ? Alors que c'est cette culture du questionnement qui va structurer pour toute une scolarité un rapport à la fois positif et non dogmatique au savoir, puisque le savoir n'a de sens que comme réponse à des questions que l'on se pose [9].

Et si la professionnalité d'un enseignant passait aussi aujourd'hui par l'écoute philosophique d'une question d'élève – enfant ou adolescent –, et sa prise en compte dans la classe en tant qu'éducateur, pour l'aider à grandir ? La question est donc posée aux philosophes, aux professeurs de philosophie, à l'institution philosophique : comment assumer à l'école, pédagogiquement et didactiquement, les questions philosophiques posées par les enfants et les adolescents ? Et quel statut pour le questionnement philosophique vis-à-vis des élèves en difficulté ou en échec scolaire, peut-on ajouter, puisque pour eux le problème du (non) sens de l'école, c'est-à-dire d'une des occupations principales de leur vie à cet âge, est patent.

Deux interrogations mutuelles

Pour nous résumer, ces nouvelles pratiques à visée philosophique et la philosophie s'interpellent mutuellement.

Les premières s'adressent à la philosophie, et très directement à l'enseignement philosophique français, pour qu'il s'interroge sur une question qu'il a pour l'instant négativement tranchée (il peut y avoir aussi des « doxa philosophiques » !) : l'école doit-elle se saisir des questions philosophiques des élèves, enfants et adolescents, et mettre en travail réflexif le problème du sens, dès le début et au cours de leur scolarité ?

Les praticiens, formateurs et chercheurs, qui œuvrent aujourd'hui à l'école primaire, au collège et en particulier en Segpa ainsi qu'en lycée professionnel ont eux tranché positivement. Ils travaillent sur le comment : repérage et analyse des difficultés, expérimentation de situations, de dispositifs...

Ils postulent en droit « l'éducabilité philosophique des enfants » et, le postulant éthiquement pour leur action, se donnent par là-même des moyens concrets de tester ce qui est aussi une hypothèse (socio-)cognitive. Ils œuvrent, en l'incarnant dans le système scolaire, pour l'exercice réel de ce que J. Derrida appelle un « droit à la philosophie [10] ». Je dirais aussi qu'ils sont dans la logique des « droits de l'enfant ». Pas seulement l'élève au centre du système éducatif, selon la loi d'orientation de 1989, mais le droit de la pensée, le « droit à penser par soi-même » au centre de la vie scolaire de l'enfant.

Dans son mémoire professionnel à l'IUFM de Montpellier, une étudiante écrit que pratiquer des discussions philosophiques à l'école primaire la rapproche de l'enseignant idéal dont elle rêvait : accompagner des élèves à formuler les questions qu'ils se posent pour qu'ils cherchent eux-mêmes les solutions. Une autre maîtresse de CE1 nous confie: «J'enseigne depuis vingt-six ans. Depuis que je pratique ces discussions, mon regard sur les enfants a changé. Je suis étonnée par leur «potentiel réflexif». Au lieu de purement leur transmettre, on cherche ensemble dans ces moments.»

Si ces pratiques interrogent la philosophie par leur caractère innovant par rapport à la tradition de l'enseignement philosophique français, celui-ci interroge à son tour, et à bon droit, ces pratiques: «Vous qui prétendez faire de la philosophie dès l'école primaire ou avec des élèves en difficulté, êtes-vous bien certains que c'est de la philosophie que vous faîtes? Maintenez-vous les exigences rationnelles de rigueur et d'abstraction qu'exige cette discipline?» Cette préoccupation, qui sonne comme une condamnation pour les détracteurs, peut être un idéal régulateur fécond pour les praticiens. Une façon de border les expériences.

Accompagner l'innovation

Car le praticien qui innove est dans l'instituant. Il n'est précisément pas normé par l'institution. Il «s'autorise à» avant même d'être «autorisé par». Pour le meilleur dans la créativité… et pour le pire du point de vue des censeurs. Ce flottement normatif est à la fois une chance et un danger, car la philosophie n'est pas «au programme», et donc réglementée. Certains s'en tiennent à l'eau du bain, qui condamnent une innovation au nom de ses possibles dérives. D'autres – qui font – s'intéressent au bébé: et de ce tâtonnement sortira sans doute, au milieu d'errements peut-être, des formes inédites du philosopher à l'école. Ce sont celles-ci que nous espérons dans une école et une société où le sens fait de plus en plus problème, individuellement et collectivement.

D'où l'intérêt d'accompagner cette innovation, non par des règlements, mais par la formation et la recherche. Une formation à base d'analyse des pratiques, qui se donne des vécus communs de «communauté de recherche» à observer et travailler dans les temps de formation, et qui reprend réflexivement dans ces temps les expériences faites sur le terrain, dans la perspective d'un auto-accompagnement de sa pratique. Une formation elle-même en relation avec la recherche, pour éviter les aspects prescriptifs et normatifs. Et une recherche action qui tente de formaliser ces pratiques, qui propose des hypothèses à valider et des voies à expérimenter, qui réfléchit sur les conséquences de ces pratiques sur l'identité professionnelle des enseignants débutants ou confirmés.

Nous avons développé pour notre part, à côté des trente ans d'expériences et de recherches des équipes M. Lipman dans le monde et du protocole proposé par le groupe de J. Lévine, une approche didactique où les repères essentiels proposés pour toute activité philosophique à l'école, pour qui veut se lancer dans l'aventure, s'ordonnent autour de la mise en œuvre de processus de problématisation d'affirmations et de questions, de conceptualisation de notions, d'argumentation rationnelle de thèses et d'objections [11].

NOTES

1. Voir M. TOZZI (dir.), *L'Éveil de la pensée réflexive à l'école primaire*, Montpellier, CRDP-CNDP-Hachette, 2001, et «Discuter philosophiquement à l'école primaire», in *Pratiques-Formations-Recherches*, Montpellier, CRDP, 2002. Ou *Diotime-L'AGORA* n° 10, Montpellier, CRDP, juin 2001.
2. Voir *Diotime-L'AGORA* n° 12, Montpellier, CRDP, décembre 2001.
3. Voir *Diotime-L'AGORA* n° 9, mars 2001.
4. Voir *Diotime-L'AGORA* n° 13, mars 2002.
5. Voir ci-après, l'article d'Agnès Pautard, p. 79.
6. Groupe de recherche sur l'enseignement de la philosophie. Voir, pour l'âge du philosopher, et les expériences en 6e et 5e de J.-L. NANCY et R. BRUNET : *Qui a peur de la philosophie ?*, Paris, Flammarion, 1977 et *États généraux de la philosophie*, Paris, Flammarion, 1979.
7. «Je me demande parfois s'il ne faudrait pas, dès l'école primaire, enseigner en tant que tel l'art de l'argumentation», L. FERRY et A. RENAUT, *Philosopher à 18 ans*, Paris, Grasset, 1999, p. 44.
8. J.-C. PETTIER, *La Philosophie en éducation adaptée : utopie ou nécessité ?*, Strasbourg 2, octobre 2000.
9. «Qu'y a-t-il avant le zéro ?» ou «quel est le dernier nombre ?» pose par exemple à la fois les problèmes, mathématiques, des nombres relatifs ou de l'ensemble des nombres, et ceux, philosophiques, du commencement et de la fin, de la distinction entre l'infini et l'indéfini... Cf. M.-F. DANIEL et al., *Philosopher sur les mathématiques et les sciences*, Québec, Le loup de gouttière, 1996.
10. J. DERRIDA, *Du droit à la philosophie*, Paris, Galilée, 1990 et la thèse déjà citée de J.-C. Pettier, partie I.
11. Description de ces processus dans *Penser par soi-même, initiation à la philosophie*, Paris, Chronique Sociale, 1994.
Application de ces capacités philosophiques de base à la discussion philosophique, *L'Oral argumentatif en philosophie*, Montpellier, CRDP, 1999.
École primaire: «Philosopher à l'école élémentaire», in *Pratiques de la philosophie* n° 7, GFEN, juillet 1999.
M. TOZZI et al., *L'Éveil de la pensée réflexive à l'école primaire*, Montpellier, CRDP-CNDP-Hachette, 2001.
Et pour la recherche, *Éléments pour une didactique de l'apprentissage du philosopher, bilan de dix ans de recherches et propositions*, thèse d'habilitation à diriger des recherches, Lyon II, 1998.
Contact: <michetozzi@aol.com>. Site : <www.philotozzi.com>.

Peut-on parler de pratique philosophique ?

*Oscar Brenifier
docteur en philosophie,
consultant, formateur : ateliers de philosophie
et philosophie pour enfants.*

Le concept de pratique est en général étranger au philosophe d'aujourd'hui, presque exclusivement un théoricien. Le mot même le dérange. En tant que professeur, son enseignement porte principalement sur un certain nombre de textes écrits, dont il doit transmettre la connaissance et la compréhension à ses élèves. Son principal centre d'intérêt sera l'histoire des idées. Une faible minorité d'enseignants s'engagera dans la spéculation philosophique écrite. Dans ce contexte, de manière récente, quelque peu en rupture avec la tradition, de nouvelles pratiques émergent, qui s'intitulent pratiques philosophiques, consultations philosophiques, philosophie pour enfants ou autres, pratiques qui se voient contestées vigoureusement ou ignorées par l'institution philosophique. Cette situation pose les deux questions suivantes, que nous traiterons dans cet ordre. La philosophie est-elle seulement un discours ou peut-elle avoir une pratique ? Qu'est-ce qui constitue une démarche philosophique ?

La matérialité comme altérité

Une pratique peut être définie comme une activité qui confronte une théorie donnée à une matérialité, c'est-à-dire à une altérité. La matière étant ce qui offre une résistance à nos volontés et à nos actions. Premièrement, la matérialité la plus évidente du philosopher est la totalité du monde, incluant l'existence humaine, à travers les multiples représentations que nous en avons. Un monde que nous connaissons sous la forme du mythe (*mythos*), narration des événements quotidiens, ou sous la forme d'informations culturelles, scientifiques et techniques éparses (*logos*). Deuxièmement, la matérialité est pour chacun d'entre nous « l'autre », notre semblable, avec qui nous pouvons entrer en dialogue et en confrontation. Troisièmement, la matérialité est la cohérence, l'unité présupposée de notre discours, dont les failles et l'incomplétude nous obligent à nous confronter à des ordres plus élevés et plus complets d'architecture mentale.

Avec ces principes en tête, inspirés par Platon, il devient possible de concevoir une pratique qui consiste en des exercices mettant à l'œuvre la pensée individuelle, dans des situations de groupe ou singulières, à l'intérieur ou à l'extérieur de l'école. Le fonctionnement de base, à travers le dialogue, consiste d'abord à identifier les présupposés à partir desquels fonctionne notre propre pensée, ensuite à en effectuer une analyse critique, puis à formuler des concepts afin d'exprimer l'idée globale ainsi enrichie. Dans ce processus, chacun cherche à devenir conscient de sa propre appréhension du monde et de lui-même, à délibérer sur les possibilités d'autres schémas de pensée, et à s'engager sur un chemin anagogique où il dépassera sa propre opinion, transgression qui est au cœur du philosopher. Dans cette pratique, la connaissance des auteurs classiques est très utile, mais ne constitue pas un pré-requis absolu. Quels que soient les outils utilisés, le défi principal reste l'activité constitutive de l'esprit singulier.

L'altérité comme *mythos* et *logos*

Comment vérifier des idées données sur tous les petits *mythos* de la vie quotidienne, sur les morceaux plus ou moins éclatés de *logos* qui constituent notre pensée ? Le problème avec la philosophie, comparée à d'autres types de spéculations, est que le sujet pensant ne mesure pas réellement sa propre efficience sur une véritable altérité, mais sur lui-même. Bien que l'on puisse objecter que le physicien, le chimiste, ou encore plus le mathématicien sont enclins à camoufler leur subjectivité, déguisée en constatation objective. Mais admettons que ce problème s'aggrave dans la pratique philosophique, puisque l'idée particulière qu'il doit mettre à l'épreuve en la confrontant à ses *mythos* et *logos* personnels est elle-même engendrée par ces *mythos* et *logos* personnels, ou intimement entrelacée à eux. De plus, comme pour la science « dure » qui parfois change la réalité, soit en agissant sur elle à travers des hypothèses innovantes et efficaces, soit en transformant simplement la perception, la « nouvelle » idée particulière du philosophe peut altérer le *mythos* ou le *logos* qui occupent son esprit. Le problème posé par ces deux processus est qu'il existe une tendance naturelle de l'esprit humain à se déformer afin de réconcilier une idée spécifique avec le contexte général dans laquelle elle intervient, soit en minimisant cette idée spécifique, soit en minimisant l'ensemble du *mythos* et du *logos* établis, soit encore en créant une barrière entre eux pour éviter le conflit. Cette dernière option est la plus commune, car elle permet d'éviter, en apparence, le travail de la confrontation ; phénomène qui explique le côté « marqueterie mal jointe » de l'esprit humain, selon l'expression de Montaigne.

Heureusement, ou malheureusement, la douleur provoquée par l'absence de cohérence ou d'harmonie de l'esprit (similaire à la douleur provoquée par la maladie qui exprime les dissonances du corps) nous oblige à travailler cette dissension, ou à porter une armure pour nous protéger, pour oublier le problème afin de minimiser ou occulter le désagrément. Cet oubli a toute l'efficacité d'un analgésique, mais aussi les inconvénients d'une drogue. La maladie est encore là, se renforçant puisque nous ne la traitons pas.

L'altérité comme « l'autre »

Passons au second type d'altérité : « l'autre » sous la forme d'un autre esprit singulier. Ce dernier a un premier avantage sur nous : il est le spectateur, plutôt que l'acteur que nous sommes ; les ruptures et divergences de notre propre système de pensée ne lui causent pas *a priori* de douleur. Contrairement à nous, il ne souffre pas de nos incohérences, en tout cas pas de manière directe, sauf à travers une sorte d'empathie. Pour cette raison, il est mieux placé que nous pour identifier les conflits et contradictions qui nous minent. Bien qu'il ne soit pas un pur esprit : ses réponses et analyses seront affectées par ses propres bogues et virus, par ses propres insuffisances. En dépit de cela, étant moins impliqué que nous dans notre affaire, il pourra poser un œil plus distant sur notre processus de pensée, avantage certain pour nous examiner de manière critique et non défensive, bien que l'on doive se garder d'attribuer une quelconque toute-puissance à cette situation, toute perspective particulière souffrant nécessairement de faiblesses et d'aveuglements. Ce peut être par manque de compréhension de la pensée de l'autre, ou bien par crainte de l'autre, ou encore à cause de la complaisance induite par le manque d'intérêt pour l'autre, et même l'empathie s'avère ici dangereuse, qui menace d'engluer deux êtres l'un dans l'autre.

L'altérité comme unité

La troisième forme d'altérité est l'unité du discours, l'unité du raisonnement. Nous postulons ici la présence d'un « anhypothétique », selon Platon, l'affirmation d'une hypothèse aussi incontournable qu'inexprimable, unité transcendante et intérieure dont nous ignorons totalement la nature propre, bien que sa présence s'impose à travers ses effets sur nos sens et notre compréhension. L'unité ne nous apparaît pas en tant que telle, comme une entité évidente, mais à travers une simple intuition, désireuse de cohérence et de logique. Point de fuite niché au sein d'une multiplicité d'apparences, qui cependant guide notre pensée et reste une source permanente d'expériences cruciales, pour notre esprit et celui des autres, sauvant nos esprits de l'abîme obscur et chaotique, de la multiplicité indéfinie et du tohu-bohu, pénible chaos qui trop souvent caractérise les processus de pensée, les nôtres et ceux de nos semblables. Les opinions, les associations de pensées, les simples impressions et sentiments, chacun d'entre eux régnant sur son petit monde immédiat, rapidement oubliés lorsqu'ils traversent les frontières étroites d'espace et de temps qui les attachent à un territoire microscopique. Pauvres et pathétiques éphémères, qui aussi réels soient-ils, tentent de se maintenir, faibles et impuissants, dans le brouhaha de processus mentaux déconnectés, essayant en vain d'être entendus, tandis que l'écho reste silencieux et désespérément muet. À moins de résonner sur fond de cette mystérieuse, généreuse et substantielle unité, toute idée particulière sera condamnée à une fin prématurée et soudaine, révélant à toute conscience le vide de son existence. Le seul problème, ici, est précisément que cette conscience est tragiquement absente, car sa présence, liée à l'unité en question, aurait déjà radicalement transformé la mise en scène. L'unité de notre discours est donc ce mur intérieur, à la fois rempart, appui et butée, dont nous ignorons toujours la nature essentielle. Elle est l'autre en nous, l'autre qui, d'une certaine manière, est en nous plus nous que nous-même.

Qu'est-ce que philosopher ?

En résumé, l'activité pratique philosophique implique de confronter la théorie à l'altérité, une vision à une autre. Elle implique la pensée sous le mode du dédoublement, sous le mode du dialogue, avec soi, avec l'autre, avec le monde, avec la vérité. Nous avons défini ici trois modes à cette confrontation : les représentations que nous avons du monde, sous forme narrative ou conceptuelle, « l'autre » comme celui avec qui je peux m'engager dans le dialogue, l'unité de pensée, comme logique, dialectique ou cohérence du discours. Dès lors, qu'est-ce que la philosophie, lorsque cruellement et arbitrairement nous lui enlevons son costume pompeux, frivole et décoratif ? Que reste-t-il une fois que nous l'avons déshabillée de son soi autoritaire, gonflé et trop sérieux ? Autrement dit, au-delà du contenu culturel et spécifique qui en est l'apparence, généreuse et parfois trompeuse – si tant est que nous pouvons faire l'économie de cette apparence –, que reste-t-il à la philosophie ?

En guise de réponse, nous proposerons la formulation suivante, définie de manière assez lapidaire, qui pourra paraître comme une paraphrase triste et appauvrie de Hegel, dans le but de se concentrer uniquement sur l'opérativité de la philosophie en tant que productrice de concepts, plutôt que sur sa complexité. Nous définirons l'activité philosophique comme une activité constitutive du soi déterminée par trois opérations : l'identification, la critique et la conceptualisation. Si nous acceptons ces trois termes, au moins temporairement, le temps d'en éprouver la solidité, voyons ce que ce processus philosophique signifie, et comment il implique et nécessite l'altérité, pour se constituer en pratique.

Identifier

Comment le moi que je suis peut-il devenir conscient de lui-même, à moins de se voir confronté à l'autre ? Moi et l'autre, mien et tien, se définissent mutuellement. Je dois connaître la poire pour connaître la pomme, cette poire qui se définit comme une non-pomme, cette poire qui définit donc la pomme. De là l'utilité de nommer, afin de distinguer. Nom propre qui singularise, nom commun qui universalise. Pour identifier, il faut postuler et connaître la différence, postuler et distinguer la communauté. Dialectique du même et de l'autre : tout est même et autre qu'autre chose. Rien ne se pense ni n'existe sans un rapport à l'autre.

Critiquer

Tout objet de pensée, nécessairement engoncé dans des choix et des partis pris, est de droit assujetti à une activité de critique. Sous la forme du soupçon, de la négation, de l'interrogation ou de la comparaison, diverses formes d'une problématique. Mais pour soumettre mon idée à une telle activité, je dois devenir autre que moi-même. Cette aliénation ou contorsion du sujet pensant en montre la difficulté initiale, qui en un second temps peut d'ailleurs devenir une nouvelle nature. Pour identifier, je pense l'autre, pour critiquer, je pense à travers l'autre, je pense comme l'autre ; que cet autre soit le voisin, le monde ou l'unité. Ce n'est plus l'objet qui change, mais le sujet. Le dédoublement est plus radical, il devient réflexif. Ce qui n'implique pas de « tomber » dans l'autre. Il est nécessaire de maintenir la tension de cette dualité, par exemple à travers la formulation d'une problématique. Et tout en tentant de penser l'impensable, je dois garder à l'esprit mon incapacité fondamentale de m'échapper véritablement de moi-même.

Conceptualiser

Si identifier signifie penser l'autre à partir de moi, si critiquer signifie me penser à partir de l'autre, conceptualiser signifie penser dans la simultanéité de moi et de l'autre. Néanmoins, cette perspective éminemment dialectique doit se méfier d'elle-même, car aussi toute puissante se veuille-t-elle, elle est également et nécessairement cantonnée à des prémisses spécifiques et des définitions particulières. Tout concept entend des présupposés. Un concept doit donc contenir en lui-même l'énonciation d'une problématique au moins, problématique dont il devient à la fois l'outil et la manifestation. Il traite un problème donné sous un angle nouveau. En ce sens, il est ce qui permet d'interroger, de critiquer et de distinguer, ce qui permet d'éclairer et de construire la pensée. Et si le concept apparaît ici comme l'étape finale du processus de problématisation, affirmons tout de même qu'il inaugure le discours plutôt qu'il ne le termine. Ainsi le concept de « conscience » répond à la question « un savoir peut-il se savoir lui-même ? », et à partir de ce « nommer », il devient la possibilité de l'émergence d'un nouveau discours.

Tous philosophes ?

Identifier ce qui est nôtre. Se rendre capable d'une analyse critique de cette identité. Dégager de nouveaux concepts afin de prendre en charge la tension contradictoire qui émerge de la critique. De manière assez abrupte, qu'il reste à développer en d'autres lieux, disons que ces trois outils nous permettront de confronter l'altérité qui constitue la matière philosophique, matière sans laquelle il ne serait pas possible de parler de pratique philosophique. Une pratique qui consiste à s'engager dans un dialogue avec tout ce qui est, avec tout ce qui apparaît. À partir de cette matrice, il n'est de catégorie d'êtres humains qui ne puisse tenter à différents degrés de philosopher, de s'engager dans une pratique philosophique.

La philosophie avec tous les élèves : quels enjeux ?

Jean-Charles Pettier,
professeur de philosophie,
docteur en sciences de l'éducation,
IUFM de Créteil.

LES ENSEIGNEMENTS À VISÉE PHILOSOPHIQUE avec tous les élèves sont justifiés par les arguments les plus divers : sociologiques, pédagogiques, psychologiques, moraux. Ces divers arguments ne me semblent pourtant pas suffisants pour légitimer nécessairement et complètement ces pratiques, car ils restent trop contingents à la situation actuelle de notre école. C'est pourquoi, au-delà de leur exposition, je poserai la question radicale du droit à la philosophie, ou de philosopher.

Quels sont les arguments actuels pour défendre ces enseignements ?

L'argument sociologique

Ces enseignements correspondent à une demande sociale forte d'activités visant à « donner du sens » à l'école, à la société, …à l'existence ! Cette demande se traduit par l'émergence des cafés philosophiques ou par l'écho favorable que rencontrent ces pratiques dans la presse et dans le grand public. Elle découle selon certains des craintes, d'un sentiment d'une perte de cadres de références dans lesquels inscrire sa vie, qu'on situe comme la conséquence de la relativisation du religieux et du politique.

Par ailleurs, ces enseignements permettent peut-être à terme une meilleure intégration sociale des élèves en position scolaire difficile, en favorisant leur prise en compte du collectif, du général, voire de l'universel. S'interroger rationnellement sur la question du sens permettrait de mieux gérer des rapports difficiles à l'école, à la société, à soi. On éviterait leurs manifestations par des phénomènes de violence aveugle, injustifiable. Cet espoir explique sans doute pour une part importante la présence d'une sensibilisation à la philosophie pour enfants dans les formations continues des professeurs des écoles pour « faire face à la violence ».

Un accès à la culture démocratisé...

Autre élément, au croisement entre sociologie, culture et école : on dépasserait grâce à un enseignement à visée philosophique pour tous la critique bourdieusienne, autrement reprise par les membres du Groupe de recherche sur l'enseignement de la philosophie (GREPH) à son époque. Selon eux, dans l'école, seuls certains ont en réalité accès à la culture proposée, et l'enseignement philosophique classique permet à l'élite bourgeoise de se perpétuer. Il s'agit au contraire ici de rentrer dans la culture par le biais d'une pratique démocratique, en lieu et place de la contemplation un peu externe du savoir exposé par le maître à l'élève qu'on trouve trop souvent à l'œuvre dans l'école. L'élève passerait d'une conception de l'enseignement où, au mieux, il n'est souvent que consommateur passif à une conception dans laquelle par le biais de sa réflexion il produit la culture.

Un nouveau modèle pédagogique

Les enseignements à visée philosophique semblent un moyen intéressant pour progressivement réorganiser le rapport de l'élève aux disciplines et leur donner sens. Aucun élève avant la terminale n'y est marqué scolairement par l'échec comme dans les autres disciplines, ne serait-ce que parce qu'on n'y est pas évalué.

En permettant une réflexion sur l'école et la loi, dans le prolongement d'une pédagogie dite « institutionnelle » telle qu'elle est présentée par F. Imbert et son équipe, ces enseignements faciliteraient l'intégration des notions de discipline, de règle, de respect des individus, fondamentales pour une gestion efficace, même si elle n'est pas pour autant traditionnelle et magistrale, de la transmission des savoirs. L'emploi de ces « nouveaux moyens » se situe alors dans les perspectives des programmes de remédiation cognitive (Ateliers de raisonnement logique ou programme d'enrichissement instrumental de R. Feuerstein). Mais l'originalité est aussi un piège : comment (doit-on?) faire entrer ces activités dans les programmes de l'Éducation nationale ? L'attrait pour l'originalité ne s'épuise-t-il pas rapidement ?

On commence aussi à supposer qu'on faciliterait peut-être, grâce aux activités à visée philosophique, le développement intellectuel de l'individu, par l'interconnexion supposée entre développement de la raison et développement de l'intelligence. Ce serait une nouvelle forme de remédiation cognitive.

Cette perspective est une de celles sur lesquelles s'interroge Thierry Bour en institut médico éducatif[1]. Sera-t-elle autant débattue que les programmes de remédiation cognitive ? Il faudra d'abord qu'elle formule clairement ses postulats pour se donner les moyens de les évaluer. Il y a sans doute là un aspect essentiel de futures recherches, car cette perspective intéresse évidemment la formation des enseignants spécialisés[2].

---

1. Voir notes p. 33.

Vers un homme meilleur ?

Développer l'analyse du « bien », la hiérarchie des valeurs qui le fondent, permettre à un sujet centré sur lui-même et ses expériences d'établir les conditions de l'objectivité et de l'universalité ou peuvent apparaître comme autant de voies pour favoriser l'émergence d'un homme « meilleur ». Cet homme « nouveau » intéresse le politique, estimant souvent que cet homme meilleur souhaitera une vie en démocratie qui permettra à chacun de s'exprimer en respectant les autres. Dans la lignée théorique des travaux de M. Lipman pour justifier son programme de philosophie pour enfants, étudier la philosophie est alors un bien.

Mais l'histoire rappelle en même temps que la pratique philosophique et la culture ne garantissent pas le progrès. Tous les dignitaires nazis étaient-ils ignorants de la réflexion philosophique ? Platon et Aristote soutiennent-ils des systèmes démocratiques ? La philosophie ouvrira l'esprit, c'est la foi pédagogique qui fait espérer qu'il en résultera un progrès pour l'homme.

Vraies ou fausses, ces quatre perspectives aux multiples enjeux ne sont sans doute pas à négliger pour affirmer l'importance de travaux « à visée philosophique » avec tous les élèves. Notre société peut-elle négliger la possibilité pour chacun de se forger des valeurs, de profiter de l'école, d'y progresser, de développer son intelligence, d'être meilleur ? Pourtant, ces perspectives ne semblent refléter que des aspects presque seconds, presque contingents, d'un enseignement à visée philosophique pour tous. Elles correspondent à des demandes liées à des circonstances particulières, dans lesquelles la philosophie apparaît comme un moyen pour... répondre à la demande sociale, aux difficultés du fonctionnement pédagogique, rendre « plus » intelligent, rendre « meilleur ».

Un droit à la philosophie

La question se pose alors de savoir si ce que l'on enseigne à l'école doit être pensé comme le moyen d'une bonne intégration dans notre société, ou si précisément l'intégration du savoir ne constitue pas en soi le but recherché. Ce ne serait le moyen d'une bonne intégration, d'un développement moral ou intellectuel que de façon contingente, réalisée grâce à l'acquisition du savoir. On se rappellera alors que les travaux en sociologie de B. Charlot, E. Bautier et J.-Y. Rochex nous montrent que c'est peut-être précisément parce que des élèves croient que l'école diffuse des savoirs utiles à la réussite sociale que, pour une part, ils y échouent.

Autre contingence, ces perspectives traduisent des valeurs qui posent problème. Il n'y a certes pas d'éducation sans projet, mais n'est-on pas ici en train de fonder un projet pour l'homme trop déterminé *a priori*, de vouloir créer par l'école un modèle humain ? Est-on encore dans le domaine strict de l'idéal républicain : celui d'une école qui avant tout veut instruire ?

Au regard de ces questions – sur lesquelles une discussion devra être engagée, ne serait-ce que parce qu'elles ne sont sans doute pas toutes du même niveau –, la revendication d'un enseignement à visée philosophique pour tous pourrait n'être qu'une question anecdotique, à écarter dès disparition des conditions qui l'auraient motivée. En revanche, ces pratiques se poseront avec force, inéluctablement et définitivement si, dépassant toute contingence, elles peuvent se décrire tout simplement comme légitimes dans leur visée, si la pratique philosophique est désirable en soi.

Un droit « de », un droit « à » ?

Y aurait-il un droit à la philosophie, un droit de philosopher? Avant tout, il semble dans la perspective des droits de l'homme qu'il y ait un droit de chacun de réaliser son essence d'être humain libre. S'il y a un droit, il est pour chacun de concrétiser le plus pleinement possible ses potentialités de raison parce qu'elles font de lui un être humain réalisé. Cela conduit à devoir l'éduquer pour qu'il se fixe ensuite librement les valeurs qui lui permettront d'exercer sa volonté avec discernement, par un jugement éclairé, et de choisir en assumant ses responsabilités.

La pratique philosophique lui permettra d'exercer sa propre réflexion en visant l'objectif et l'universel, de la confronter aux raisons des autres. Il les rencontrera dans l'échange et le débat à visée philosophique (droit de philosopher), et en se confrontant aussi à la culture philosophique (droit à la philosophie).

La conquête de la rationalité

Paradoxalement, ce droit ne figure dans les déclarations des droits de l'homme que comme un implicite. Elles prétendent exprimer les droits d'un être humain rationnel, oubliant que la rationalité est en réalité à conquérir par l'éducation, y compris à son plus haut niveau : la capacité d'exercer un jugement. Il s'agit au terme de l'éducation qu'il puisse prendre position librement, en s'appuyant donc sur un système de valeurs, déterminées objectivement comme telles grâce à une réflexion autonome. Loin de vouloir imposer un système de valeurs ou un projet à l'homme, il faut permettre à chacun de saisir qu'il doit, avec les autres, construire son projet, établir un tel système, sans que rien ne garantisse, même si c'est évidemment l'espoir qui le fonde, qu'il en résultera nécessairement un monde « meilleur ». Or, cette perspective universaliste n'est pas nécessairement présente dans chaque famille, centrée d'abord sur la transmission à ses enfants de « ses » valeurs. Lorsqu'elle est présente dans le cadre familial, le problème n'est d'ailleurs pas résolu : la nécessité d'une réflexion objective sera véhiculée comme une valeur propre à cette famille, non comme un projet qui permet à chacun de dépasser la référence familiale.

C'est pourquoi les pratiques à visée philosophique intéressent d'abord et avant tout la réflexion humaine et humaniste d'une démocratie républicaine, comme des expressions nécessaires d'une perspective cette fois-ci irréductible : la légitimité du droit. Peut-elle alors faire moins que de tenter de leur donner sens à tous les niveaux de la scolarité ?

Bibliographie

- P. BELMAS, Introduction, in *Lettre de l'AIS*, Créteil, IUFM, 2000.
- T. BOUR, Philosopher rend-il intelligent? in *Diotime-L'AGORA* nº 10, Montpellier-Paris, CRDP-EAN, juin 2001.
- P. BOURDIEU, *Les Héritiers*, Paris, Les Éditions de Minuit, 1975.
- B. CHARLOT, É. BAUTIER, J.-Y. ROCHEX, *École et savoirs dans les banlieues... et ailleurs!*, Paris, A. Colin, 1992.
- C. DELANNOY, J.-C. PASSEGAND, *L'Intelligence peut-elle s'éduquer?*, Paris, CNDP, 1992.
- Groupe de recherche sur l'enseignement de la philosophie (GREPH), *Qui a peur de la philosophie?*, Paris, Flammarion, coll. Champs, 1977.
- F. IMBERT, *Médiations, institutions et loi dans la classe*, coll. Pédagogies, 2ᵉ éd. ESF, Paris, 2000.
- M. LIPMAN, *À l'école de la pensée*, trad. N. Decostre, Bruxelles, éd. De Boeck Université, 1995.

NOTES

1. Voir ci-après son article, p. 41.
2. P. Belmas, responsable des formations au CAPSAIS de l'académie de Créteil, décrit la philosophie comme une « métacognition transversale », 2000.

Tradition de l'Agora et l'exclusion

*Bruno Magret,
animateur socio-culturel et philosophe.*

La tradition de l'Agora

LA PHILOSOPHIE SE NOURRIT de deux traditions aussi nécessaires l'une à l'autre. Ces deux écoles sont bien souvent opposées, alors qu'elles devraient se compléter. L'une d'elles, que je nomme la tradition agoraïque, est obscure. Elle irrigue les philosophies, pour qui l'ordre rationaliste religieux, cartésien ou scientiste établi ne peut, à lui seul, combler la réflexion. C'est une philosophie libérale, qu'il convient de ne pas confondre avec le libéralisme, dans laquelle on peut ranger la démarche libertaire. Contrairement aux idéologies, ici l'individu apprend à réfléchir par lui-même. Chacun est unique et doit creuser son propre sillon de réflexion. L'individualité débouche sur une subjectivité qui n'a pas à s'effacer devant un ordre objectiviste, au demeurant rassurant pour la masse. Cette école de l'ombre ne peut manquer d'apparaître en dehors des règles établies par l'idéologie qui caractérise le siècle.

Philosophie populaire, et non pas populiste, elle est confortée par des dictons qui résistent à l'épreuve du temps. La tradition agoraïque qui ne peut qu'échapper à tous les formalismes ou traditionalismes se fonde sur le « bon sens » de chacun, et non pas sur le sens commun. Philosophie du quotidien, de la vie, elle est le propre de l'individu qui est éclairé par l'intelligence naturelle. Cette dernière est immanente, sans pour autant renoncer à la transcendance. La tradition agoraïque ne voltige pas sur les nuées intellectualistes. Elle part, au contraire, des actes et des réflexions essentielles de tous les jours, pour escalader la montagne de son existence par un cheminement rigoureux, jusqu'aux cimes d'un ciel plus abstrait. Elle évite ainsi l'abstraction idéaliste, sans s'enfoncer dans un pur réalisme. Son langage est susceptible de s'adapter aux plus simples, sans pour autant sombrer dans le simplisme. C'est une attitude, un comportement, et non pas seulement un discours d'intellectuel brillant. C'est une voie difficile entre l'imbécillité de la méthode et son cortège de pédants, le laisser-aller, l'absence de rigueur et le défaut d'honnêteté intellectuelle.

Philosophie de la communication, cette philosophie populaire se manifeste dans les débats publics, au cœur des villes où *speakers crooners* [1], philosophes solitaires,

---

1. Voir notes p. 42.

chercheurs de tous horizons et idéologies ambiantes se confrontent dans l'arène de la cité. De l'Agora grec, du forum romain, de la place des bourgeois de l'Hôtel de ville au Moyen Âge, des cafés de Paris, de Vienne et maintenant les cafés philos (mouvement mondial), en passant par Hide Park à Londres ou la place Beaubourg dans les années quatre-vingt, cette philosophie vit dans le ventre de la cité, si ce n'est, quelquefois, à la cour des miracles. Se pratiquant en tous temps, en tous lieux, jusqu'à la palabre africaine, nul ne sait où commence et où finit la tradition agoraïque. Elle peut, puisqu'en dehors des conventions, alimenter les pensées alternatives, renversant l'ordre moral, intellectuel et sexuel des sociétés. Elle peut entraîner l'individu qui cherche dans les profondeurs «des voies de la main gauche [2]», dangereuses pour l'adepte qui n'est pas guidé. Au fond, son école est celle de la vie, tout simplement.

Les défauts de la tradition agoraïque se cachent dans une libéralité qui ouvre la porte de la bergerie aux loups, aux aventuriers, aux amateurs et à la récupération opérée par la mode et le système.

La tradition universitaire

La tradition universitaire est bien sûr plus récente puisque ses premières institutions datent du Moyen Âge. Nous pouvons, à la limite, faire remonter cette tradition aux premières écoles grecques. Cependant il faut plutôt, à mon sens, envisager ces dernières sur le mode des confréries, à l'instar des pythagoriciens.

Nous sommes redevables de la tradition universitaire et nous devons beaucoup à ses chercheurs et à ses clercs qui, dans l'ombre d'une vie dévouée à la philosophie, traduisent et font l'exégèse des corpus philosophiques légués par le temps. Son importance n'est donc plus à démontrer. L'université est gardienne de la tradition, elle permet de codifier l'enseignement. Sa pédagogie est à l'évidence différente de la tradition agoraïque qui part du quotidien, elle se base sur la transmission de l'histoire de la pensée et des concepts forgés par des siècles de réflexion. Gardienne des institutions du savoir, elle est le contrepoids d'une démarche qui prétend à la spontanéité de la réflexion, mais quelquefois sans bases, et perdue dans une absence de rigueur nécessaire au cheminement.

Les défauts de la tradition universitaire sont ceux du conservatisme en général, des monopoles et de l'élitisme intellectuel prétendument dégagé du vulgaire.

Cette rigidité produit un autisme intellectuel dommageable pour l'idée que se font, généralement, les gens de la philosophie. Il y a un abîme entre être philosophe et professeur de philosophie.

Comment comprendre la pensée d'un philosophe sans avoir mis ses pas dans les siens ? Toutefois, je laisse ici le soin à d'autres de dénoncer la sclérose du système universitaire.

Nouvelles pratiques philosophiques et lien communautaire

Les nouvelles pratiques philosophiques dans lesquelles je suis engagé depuis de nombreuses années m'entraînent à organiser des débats de réflexion dans les cafés, les bibliothèques, les centres culturels, les foyers de jeunes, les théâtres, les cinémas, les entreprises et autres lieux. Bien souvent, au premier abord, la philosophie a mauvaise presse.

Pour beaucoup de gens, les cours de philosophie en terminale sont un mauvais souvenir, même s'il y en a quelques-uns, heureusement, pour qui cette période fut très riche. La première tâche à laquelle je dois m'atteler consiste à revaloriser la philosophie. Le philosophe passe pour un « masturbateur cérébral » et je dois, sans cesse, effacer les clichés d'une philosophie composée de cours didactiques ou d'un jargon incompréhensiblement abstrait. Le débat et la réflexion commune, à partir du quotidien, redonnent vie à la philosophie. Même si les supports de réflexion sont des textes, des films ou autres, il n'y a pas de maître à penser et chacun doit pouvoir faire la critique des penseurs, aussi grands soient-ils. L'impératif catégorique est ici d'apprendre à penser par soi-même. L'individu redécouvre alors une philosophie de la liberté et la joie d'une réflexion fondée sur des questions essentielles.

Le débat ravive une communication qui fait défaut dans notre société aux relations de plus en plus abstraites. D'ailleurs, le succès des cafés-philos, mais également des débats en bibliothèque ou dans les centres culturels, témoigne d'ailleurs du besoin d'une communication charnelle, sensible, qui tend à disparaître au profit des technologies de l'information, réduisant les relations humaines à la plus simple expression virtuelle. Le débat devient alors une occasion de retisser un lien social délitescent. Il m'est arrivé dans un foyer d'entendre un jeune souligner que ce genre d'échange philosophique correspondait tout à fait avec l'idée des veillées traditionnelles. En effet, il avait fait la correspondance entre le feu contenu dans le mot foyer, et la chaleur humaine de l'échange. Les jeunes générations développent les symptômes aberrants d'un individualisme conditionné. Dans les foyers de jeunes, les travailleurs sociaux se plaignent de la difficulté d'organiser des projets en commun.

Dans ces foyers, les jeunes sont bien souvent à un tournant de leur existence. Ils ont quitté leurs parents pour se lancer dans la vie active. Certains font encore des études, d'autres peuvent à tout moment tomber dans la délinquance.

Cette jeunesse se retrouve dans la jungle d'un monde difficile, à la quête d'un emploi, d'une formation, tout en découvrant ses premiers émois amoureux, et ses difficultés se doublent d'une recherche de logement. Autant dire que l'angoisse est permanente. N'oublions pas que les suicides sont la première cause de mortalité en France, particulièrement chez les jeunes gens.

Les problèmes que nous rencontrons tous, les uns et les autres, qu'ils soient d'ordre professionnel, affectif ou autre sont lourds à porter. Aussi, les débats permettent-ils de les évacuer, de bénéficier des différents éclairages et parfois même, de trouver des solutions.

Tradition agoraïque et pédagogie

La tradition agoraïque s'adapte tout à fait au développement des nouvelles pratiques philosophiques, auxquelles je participe, dans le secteur scolaire. La philosophie ne doit pas être réservée aux classes de terminale. Les expériences que nous développons chez les jeunes en échec scolaire se sont révélées très positives. Il n'est, bien entendu, pas question ici de cours didactiques, et il est essentiel pour l'animateur de simplifier son langage, sans pour autant sombrer dans le simplisme. Les qualités d'animateur, capable de donner de l'âme au débat, sont nécessaires au-delà de la réflexion philosophique. La transmission de l'histoire de la pensée n'est pas exclue, au contraire, mais elle se fait par petites touches. Il faut ici réapprivoiser les élèves difficiles et leur redonner le goût de la culture.

Selon mes expériences, j'ai pu constater un manque de communication entre professeurs et élèves. Les enfants ne sont pas faits pour ingurgiter exclusivement un programme, mais pour apprendre à réfléchir sur eux-mêmes et par eux-mêmes. J'ai rencontré des professeurs qui avaient des *a priori* négatifs sur les possibilités de leurs élèves dans le domaine de la réflexion. Ayant assisté aux débats, ils en ont été pour leurs frais. Il est certainement très dur de constater que parfois les élèves les plus turbulents sont les plus profonds. Les révoltés ne sont pas nécessairement des imbéciles. Combien de potentialités sont-elles gâchées par cette absence de communication en milieu scolaire ?

La tradition agoraïque utilise la méthode socratique. Dans ce sens, la philosophie n'est pas une matière, comme le sont les mathématiques ou l'anglais par exemple. Selon son étymologie, la philosophie signifie « amour de la sagesse ». C'est une quête, un art de vivre, de réfléchir et également une *praxis*. Dans *Protagoras*, Platon explique clairement la position de Socrate en matière de pédagogie. Selon lui, la sagesse ne peut s'enseigner, sa « transmission » dépasse le cadre d'une simple rationalité pédagogique.

Il existe des spécialistes dans les sciences et dans les divers corps de métiers. Chaque discipline possède ses propres techniques spécifiques et bénéficie d'une pédagogie adaptée à cette technicité. La philosophie n'étant pas une matière pour la méthode socratique, celle-ci s'éloigne du « spécialisme ». Il n'y a pas véritablement de méthodes pédagogiques. Face aux questions essentielles telles que « le sens de la vie et la mort », nous sommes tous des enfants. La méthode socratique, ou maïeutique, privilégie l'état d'ignorance fondamentale, nécessaire au surgissement de l'intelligence naturelle, ce « bon sens » que chacun est sensé porter en lui-même. Socrate nommait ce surgissement, quasi divin, son *daïmon*. Cette conscience daïmonique passe, tout d'abord, par un déconditionnement des savoirs préfabriqués. Cette mise en abyme de soi-même est ici nécessaire à une disponibilité, ou une vacuité, d'où doivent surgir « l'étonnement philosophique » et la prise de conscience. Spécialistes ou pas, nous devons tous vivre et mourir sans jamais savoir véritablement pourquoi. Le pédagogue est à ce niveau sans pouvoir face à ses élèves. Face aux grandes questions primordiales, il se retrouve aussi démuni qu'eux.

Au cours du débat, le travail de recherche passe tout d'abord par une déconstruction de ce que l'on croit savoir. Puis, le pédagogue comprend qu'il apprend autant des réflexions spontanées de ses élèves, qu'eux-mêmes apprennent de lui. C'est en ce sens que l'on dit que le philosophe refait le monde. Cette humilité de base, le « je sais que je ne sais pas » de Socrate a de quoi déconcerter, et je comprends que le professeur ait peur de perdre son autorité. Mais rappelons-le, il ne s'agit pas ici d'acquérir de nouveaux savoirs, mais de créer une disponibilité nécessaire à la prise de conscience. Les paramètres de la cognition sont bien trop complexes pour expliquer le bouleversement d'une conscience. Dans un tel cas, le philosophe n'apprend rien à personne. Par le jeu du questionnement, à savoir la maïeutique, il aide l'individu à réfléchir par lui-même, et découvre avec lui que nous philosophons sans le savoir, comme monsieur Jourdain faisait de la prose. Philosopher est l'attitude naturelle de l'esprit.

Le monde change, l'école laïque, légèrement teintée par l'idéologie athée du début du siècle, ne peut plus répondre à l'univers multiculturel et interreligieux de notre époque. Les événements israélo-palestiniens et l'attentat du 11 septembre 2001 aux États-Unis se sont répercutés en Europe, et particulièrement en France. Un nombre important d'attentats contre des synagogues et d'attaques contre la communauté juive démontrent que nous sommes entrés dans l'ère de la mondialisation des conflits. Les jeunes laissés pour compte dans les cités de banlieue, nous l'avons vu, sont facilement utilisables par des groupes terroristes, capables de récupérer leur ressentiment. Notre société est devenue une véritable poudrière. Plus que jamais, la nécessité du dialogue interculturel et religieux se fait ressentir. Il est important d'ouvrir les élèves aux autres philosophies de par le monde, qu'elles soient religieuses ou non. Chacun devrait savoir ce que signifie être juif, chrétien, musulman, bouddhiste, athée, agnostique ou autre.

Cette éducation est nécessaire si nous ne voulons pas que notre société interculturelle se divise en ghettos. Le philosophe de la tradition agoraïque correspond tout à fait, grâce à son impartialité fondamentale, à ce style d'éducation. Car la philosophie ne donne pas de réponse, elle sollicite le questionnement. Cette position est favorable pour satisfaire les exigences d'un enseignement laïque, authentiquement ouvert et impartial.

Tradition agoraïque et exclusion

L'échec scolaire est source d'exclusion sociale. Toutefois, on ne peut dispenser le même enseignement à un élève difficile qu'à un enfant lambda. L'école est souvent traumatisante pour l'enfant puisque qu'il subit déjà son caractère obligatoire. Les professeurs ont une lourde responsabilité, du fait qu'ils peuvent par autoritarisme, par manque de passion dans leur enseignement ou par le biais d'un programme scolaire sclérosé, casser l'élève à la base. Ajoutons à cela le manque de dialogue dans la sphère familiale, alors les ingrédients sont là pour pousser l'enfant vers la délinquance.

Le manque de dialogue est une plaie pour la société. Là où le dialogue n'est plus, la violence fait son apparition. Lorsque j'étais élève, je me souviens des rares moments de discussion dans la classe. C'était un moment ludique, où sans le savoir, je m'éveillais. L'homme n'a pas encore compris qu'il y a une différence entre dresser un enfant et l'éduquer, c'est-à-dire l'éveiller. Savoir lâcher le programme pour engager le débat avec ses élèves est essentiel. Certains professeurs le pratiquent, d'autres non. Un élève difficile est bien souvent un enfant privé de parole. Le débat philosophique permet aux enfants de retrouver une confiance en eux, tout en leur signifiant que leur parole a du poids. Pendant cet apprentissage, l'enfant passe progressivement de la violence au dialogue. « La vérité sort de la bouche des enfants », ce dicton populaire exprime à lui seul l'idée d'une spontanéité enfantine que l'adulte ne sait pas écouter. Il est vrai que la civilisation commence à peine à reconnaître le droit des enfants. Certaines philosophies comme le taoïsme ou le christianisme soulignent d'ailleurs l'idée que l'acte de philosopher commence par un retour à la spontanéité de l'enfant.

Le débat est toujours ludique, ceux qui sont esclaves de l'esprit de sérieux ne comprennent pas que dans la nature même, le petit animal apprend en jouant. Même si nous ne nous en rendons pas compte directement, derrière ce ludisme apparent, se cache un véritable travail. L'apprentissage ne peut pas être purement intellectuel. L'intellect, le corps et l'être en concordance doivent y participer.

Si la mémoire est importante dans l'éducation, elle peut aussi enfermer l'individu dans un conditionnement supprimant toute créativité. Elle peut également opposer des *a priori* constitués par une mauvaise éducation à la prise de conscience. Il est parfois nécessaire de la court-circuiter. Les mythes, les contes ou les histoires philosophiques en sont les outils privilégiés. Le ludisme évite, également, l'impression pénible de l'effort intellectuel et l'élève apprend en profondeur.

L'élève apprend aussi à s'exprimer oralement. N'oublions pas que dans notre société de l'information, la parole prend un poids de plus en plus considérable. L'expression orale doit évoluer vers l'art oratoire. L'élève apprend à placer sa voix, à prendre une attitude adéquate, à contrôler ses gestes, à utiliser les silences. Il doit apprendre aussi à écouter. Le fait de s'habituer à entendre une pensée complètement contraire ou étrangère à la sienne lui enseigne une sérénité qui fait bien trop souvent défaut aux adultes eux-mêmes. Je ne m'étendrai pas ici sur l'exégèse d'un tel débat. Toutefois, nous pouvons dire que toute la philosophie, dans son essence, y est contenue. Le débat est donc un outil de formation évident.

N'oublions pas, également, que les jeunes adolescents vivent une mutation difficile sur tous les plans. La quête de valeurs différentes de celles vécues dans la sphère parentale, la prise en compte de l'avenir, l'épanouissement de la sexualité sont autant de problèmes qui ne sont plus abordés dans les familles actuelles, et très peu à l'école. Il faut avoir à l'esprit qu'il y a deux écoles aussi nécessaires l'une à l'autre, l'école institutionnelle et celle de la vie. La tradition agoraïque s'adapte tout à fait à l'enseignement d'une éducation primordiale, dont on dit qu'elle est en crise aujourd'hui. La capacité à vivre des relations harmonieuses, et le civisme, font partie de cette éducation primordiale. C'est le levain d'une future citoyenneté réussie.

Débat, ouverture et lutte contre l'exclusion

Le travail que j'effectue à la maison d'arrêt de Villepinte dans le quartier des mineurs me questionne énormément.

Il existe, bien sûr, des psychologues professionnels qui exercent en prison. Toutefois, la démarche doit provenir du détenu lui-même, et nous savons qu'il est difficile pour un jeune de l'accepter. Aller voir un psy donne l'idée arbitraire que l'on est fou. De plus, le travail psychologique s'intéresse à l'aspect subjectif de l'individu. Il ne prend pas forcément en compte sa vie dans la société, ainsi que le travail plus objectif et global de sa vision du monde, qu'elle soit religieuse, philosophique, politique ou sociologique. En outre, il arrive hélas – les récentes affaires de pédophilie l'ont démontré – que le suivi psychologique n'existe pas.

La prison devient ainsi hautement criminogène, car elle laisse sortir des individus qui ne sont pas même revenus sur leurs actes. Dans de telles conditions, la fréquentation des autres détenus ne peut que renforcer la rage du délinquant. Cette situation devient encore plus désastreuse pour de jeunes mineurs. Chaque citoyen devrait contester un tel laxisme, d'autant que chacun d'entre nous peut devenir la proie d'une récidive.

La philosophie agoraïque est, à l'évidence, très utile en prison. Épurée de ses contenus conceptuels trop abstraits, elle peut se rapprocher de la vie quotidienne du prisonnier qui fait l'expérience de l'extrême, du fait de son isolement. La philosophie agoraïque vise à transformer cet isolement en « recueillement ». Un philosophe « intello » n'a ici aucune chance, si ce n'est de révéler son autisme. La philosophie agoraïque peut contrecarrer la peur du psy chez les détenus. Elle ne s'attaque pas directement à la subjectivité affective et à l'histoire du détenu. Le débat s'ouvre sur une réflexion commune et globale, sollicitant de la part des participants une réflexion sur leur vision du monde et les valeurs qui y sont associées. Après le débat, le détenu peut s'approprier la réflexion qui s'en est dégagée et la mettre, à son rythme, en correspondance avec ses actes. Ceci peut alors favoriser une prise de conscience, et le désir d'un travail de fond avec un psychothérapeute. Le psychologue et le philosophe peuvent ainsi travailler de concert.

Les expériences que je tente avec les élèves en difficulté, les prisonniers et les gens sans domicile, brisés par le délitement social, m'ont démontré le bien-fondé de la tradition agoraïque dans la re-socialisation de l'individu. C'est un outil formidable de lutte contre l'exclusion qui repasse par la culture, la parole et la réflexion.

Lorsque je travaillais dans « l'action sociale », j'ai pu constater les défauts du travail humanitaire, en général, dans l'aide apportée aux « sans domicile fixe ». Cette aide se limite aux contingences biologiques, sanitaires et sociales. Elle devient alors perverse et enferme l'individu dans une dépendance stérile, voire carcérale. La misère sociale n'est plus celle du siècle dernier. Elle provient également des chocs affectifs, de la difficulté des individus à prendre en main leur propre vie, étant habitués à fonctionner en système. Le changement de la nature du travail a fait perdre à l'homme la vision globale de sa tâche, donc de sa créativité. Éjecté du système de production, il se retrouve perdu et incapable de s'inventer une autre vie.

L'action sociale ne peut se limiter aux logements d'urgence, à l'apprentissage du CV et autres moyens purement techniques. La re-socialisation passe par la prise en compte globale de l'individu, de la façon la plus impartiale possible. Le débat et la philosophie offrent un champ de re-socialisation dont l'apprentissage de la communication avec soi-même et les autres est essentiel.

Comme je le dis souvent aux jeunes que je fréquente, les entreprises reçoivent beaucoup de CV, certains ne sont pas toujours lus. La capacité de l'individu à rentrer en relation avec les autres est un facteur qui est loin d'être négligeable dans la quête d'un emploi, d'un logement et dans la construction de sa propre vie. Cette capacité de relation dépend, bien évidemment, du travail que l'on a fait sur soi, et de sa capacité de réflexion.

Apprendre à se connaître soi-même est l'objectif essentiel du philosophe.

Conclusion

Philosophie agoraïque et philosophie universitaire ne sont pas opposées. Elles n'opèrent pas sur le même terrain.

La philosophie agoraïque doit se nourrir du travail universitaire, afin d'éviter le simplisme et le manque de rigueur.

La philosophie universitaire doit se nourrir de l'Agora, et de cette réflexion proche du peuple, des gens simples et de l'intelligence naturelle. Cela lui éviterait la sclérose intellectualiste qu'on lui reproche trop souvent.

Le comble du philosophe agoraïque et du philosophe universitaire ne serait-il pas de s'interdire de s'interpénétrer ?...

NOTES

1. Personnage qui arrange les foules sur les places publiques et provoque le débat.
2. Voies philosophiques qui intègrent l'alcool, les drogues et l'énergie sexuelle afin d'obtenir des états modifiés de conscience. Elles utilisent également les attitudes les plus provoquantes, afin de faire sortir l'adepte des prisons morales instituées par la société.

Peut-on adapter la philosophie ?

Thierry Bour,
professeur spécialisé des écoles,
conseiller pédagogique de l'A.I.S. [1], *Melun.*

L'UN DES RÉSULTATS DU COLLOQUE relatif aux nouvelles pratiques philosophiques qui s'est tenu les 25 et 26 avril 2001 à Paris a été la rédaction d'un appel revendiquant, entre autres, le droit de philosopher pour tous. La récente et forte demande sociale dans ce domaine peut justifier une telle initiative. Celle-ci se manifeste à travers l'émergence des cafés philosophiques et les nombreuses pratiques « sauvages » qui se développent à l'école en dehors des classes de terminale. Une éventuelle introduction de la philosophie à tous les niveaux du système éducatif ordinaire devrait pourtant conduire à s'interroger sur la place future de cette discipline dans l'enseignement spécialisé. Si le problème peut être rapidement résolu pour les élèves en difficulté 2, celui qui concerne les enfants atteints de handicap mental mérite toutefois d'être examiné.

Philosophie par tous : rêve ou réalité ?

En France, un nombre assez faible d'enfants handicapés mentaux ne bénéficie d'aucune scolarisation. On estime que l'importance ou la nature des pathologies rendent impossible le travail scolaire. Parfois le nombre limité de places en classes ou en établissements spécialisés explique la non-scolarisation. Pour les autres, on considère l'apprentissage profitable pourvu que l'on adapte l'enseignement des disciplines traditionnelles aux capacités et aux besoins spécifiques des élèves. Ce constat soulève une double question : la pratique de la philosophie requiert-elle également un seuil de compétences particulier et peut-elle être adaptée ?

Philosopher, c'est interroger le monde et les valeurs humaines d'un point de vue conceptuel et de manière réflexive. L'acte philosophique relève d'une culture spécifique et d'une démarche largement décrite par M. Tozzi : conceptualiser, problématiser et argumenter 3. La mise en œuvre de ce cheminement requiert néanmoins certaines compétences intellectuelles. Ainsi, sans une certaine maîtrise de l'abstraction, de la représentation et de la symbolisation, il paraît difficile d'atteindre le degré de conceptualisation, de problématisation et d'argumentation indispensables à l'exercice de la philosophie 4. Philosopher est donc loin d'être un acte accessible à toutes les catégories d'enfants accueillis à l'école. En définitive, le problème ne diffère en rien des autres disciplines : tout apprentissage nécessite un minimum d'aptitudes intellectuelles.

1. Voir notes p. 46.

Devons-nous par conséquent considérer ces enfants incapables de philosopher alors qu'on leur reconnaît le droit aux autres disciplines de l'école ordinaire ? La question fondamentale concerne en réalité la manière de mettre en œuvre de véritables démarches philosophiques avec ces élèves. En montrant une activité conduite dans ce cadre-là, le *Petit Atelier de philosophie en classe d'IMPro* constitue probablement l'une des premières réponses à cette interrogation[5]. Le documentaire laisse entrevoir une adaptation possible du travail en philosophie en institution spécialisée.

Ce point est pourtant polémique. Quel que soit le public concerné, il se situe au cœur d'un débat qui anime les partisans des nouvelles pratiques et les défenseurs de l'enseignement philosophique traditionnel. La question sous-tendue est de savoir si le modèle didactique proposé à partir du lycée est le seul recevable voire, pour certains, le bon. Au-delà de cette controverse, la question de la définition de l'acte philosophique doit pourtant intéresser l'enseignant non-spécialiste de la discipline. Ce n'est, en effet, qu'à partir de celle-ci qu'il peut concevoir des activités qui s'inscrivent dans le champ de la philosophie. Le développement d'activités philosophiques ou pré-philosophiques adaptées[6] constitue peut-être l'un des domaines sur lequel doit travailler une partie du secteur spécialisé. Une éventuelle généralisation de l'enseignement de la philosophie ne doit pas, en effet, favoriser l'exclusion des enfants les plus démunis.

Enjeux de la philosophie en institut médico-éducatif

De septembre 1999 à juin 2000, une pratique régulière de débats à caractère philosophique a été mise en place à l'institut médico-éducatif de Chancepoix[7] (Seine-et-Marne). Les séances ont été organisées avec un groupe d'adolescents de seize à dix-huit ans en échec scolaire massif. Leurs difficultés étaient liées à des problèmes sociaux importants, à des déficiences intellectuelles légères, à des pathologies mentales ou à des troubles psychologiques et du comportement. Les échanges se déroulaient autour d'une question élaborée en commun[8].

En plus des bénéfices généralement observés lors d'expériences similaires (amélioration des compétences orales, acquisition de vocabulaire, socialisation, structuration de la pensée, etc.), un aspect singulier est apparu au cours de l'expérimentation. Un nombre significatif d'élèves ont mis progressivement en œuvre des processus intellectuels et de pensée imperceptibles auparavant. Ils concernaient principalement les capacités d'abstraction et de conceptualisation.

La pratique du débat philosophique permettrait-elle de développer les qualités intellectuelles des individus ? S'il n'a pas encore été possible d'apporter une réponse satisfaisante à cette question, trois hypothèses sont cependant apparues :

– soit les élèves disposaient au préalable de tout l'équipement intellectuel nécessaire à l'exercice de la philosophie. Dans ce cas, le dispositif a permis de stimuler des compétences inexploitées ;

– soit la nature même de la pratique (centrée sur l'élève, respectueuse des opinions et des cheminements intellectuels individuels, etc.) a contribué à la valorisation de la pensée des adolescents. Cette re-narcissisation aurait encouragé l'élève à produire des raisonnements plus aboutis en augmentant la prise de risque intellectuel ;
– soit la démarche a favorisé la mise place de nouveaux processus intellectuels. L'enjeu est alors considérable pour l'enseignement spécialisé parce que le procédé pourrait constituer un nouvel outil de développement de l'intelligence dans la logique cognitiviste [9].

Si aucun miracle ne doit être attendu, la multiplication des expériences et le développement de la recherche dans ce domaine devraient peut-être permettre de valider certaines de ces hypothèses. À terme, la pratique de la philosophie pourrait représenter une médiation d'un nouveau genre pour les enfants atteints de handicap mental accueillis à l'école.

Pour une philosophie adaptée

L'enseignant spécialisé, rompu au travail relatif aux acquisitions de base, confond rarement les préapprentissages et l'objectif final. Il sait ainsi parfaitement distinguer ce qui relève du stade du déchiffrage de ce qui constitue la véritable lecture en français. De la même manière, il paraît nécessaire de réfléchir précisément à la façon dont peuvent s'inscrire ces nouvelles démarches dans le champ de la philosophie. Il en va de leur légitimité, de leur reconnaissance officielle et, surtout, de leur appropriation par l'enseignant non-spécialiste de la discipline. La détermination d'un cadre d'exercice rigoureux autant que la formation des enseignants à ces nouveaux dispositifs permettrait d'assurer l'essor de ces pratiques prometteuses.

D'autre part, il serait humainement et éthiquement inadmissible de vouloir refuser la pratique de la philosophie aux enfants atteints de handicap mental. Qui oserait interdire le chemin de la pensée philosophique à ceux qui en ont l'accès, même si certains n'en parcourent que les premiers mètres ? La philosophie, comme n'importe quelle autre discipline, doit s'adapter à son public ; *a fortiori* lorsque celui-ci a des besoins particuliers. Il reste donc à développer une didactique philosophique capable de prendre en compte les enfants à la pensée déficiente.

NOTES

1. L'adaptation et intégration scolaires (AIS) est le nom utilisé pour désigner le secteur de l'enseignement spécialisé dans l'Éducation nationale.
2. Le retard scolaire n'interdit la pratique d'aucune discipline dans le premier degré.
3. Cf. M. TOZZI, *L'Éveil de la pensée réflexive à l'école*, Paris, CNDP/Hachette Éducation, 2001.
4. Cette idée est défendue par Sylvie Solère-Queval, maître de conférences en philosophie de l'Éducation à l'université de Lille III.
5. T. BOUR, *Petit Atelier de philosophie en classe d'IMPro*, vidéogramme 20 min., SCAVO, 2000. Le film est diffusé par le CNDP.
6. Certains préféreront parler de « pratiques réflexives ».
7. Cette expérience est décrite dans Philosopher rend-il intelligent ?, T. BOUR, *Diotime-L'AGORA* n° 10, Montpellier-Paris, CRDP-Alcofribas-Nasier, 2001.
8. Qu'est-ce que la mort ? La loi est-elle nécessaire ? Y a-t-il une justice ? La passion rend-elle aveugle ? Peut-on être libre ?, etc.
9. Les théories cognitivistes considèrent que l'intelligence peut s'éduquer. Selon ce postulat, tout individu peut donc apprendre à être intelligent.

Instruire n'est pas débattre !
Un élève qui existe au cœur de la pratique

*François Housset,
animateur de débats philosophiques.*

Penser est un droit, voire un devoir. Les occasions de penser par soi-même sont pourtant rares : la demande inverse est plus fréquente. Malgré les apparences et les beaux discours, aucun lieu n'est un lieu de libre pensée. Autant à l'école, au collège, à l'université que dans les entreprises, on est stupéfait quand on se trouve invité à penser pour de vrai !

On ne pense pas la vie : on s'y formate. On doit se poser les questions du professeur ou du formateur, acquérir les idées nécessaires à l'acquisition d'un diplôme, d'un statut, d'un salaire. Un bon élève apprend et comprend (dans le meilleur des cas) ce qu'on lui enseigne : il réussira quelque examen scolaire, et voilà tout ce qu'on appelle réussir.

Pour le dire tout net, on a du mal à considérer l'élève comme une personne. Des professeurs cohérents face à la logique de l'instruction en arrivent à regretter que leurs élèves ne soient pas des disques vierges sur lesquels inscrire un « bon » programme. Ne nous étonnons pas qu'ils négocient l'âge de la conscience et présentent leurs élèves comme trop jeunes pour élaborer leurs propres concepts : voilà qu'il y a un âge requis pour juger.

La démarche pédagogique consiste le plus souvent à casser les représentations qu'ont pu se faire les élèves, pour les remplacer par celles-là seules qui sont « les bonnes », comme on « réinitialise » un disque dur pour le faire tourner avec le système adéquat. On parlera philosophie le plus tard possible : à la majorité. Difficile de retarder plus… Et dans un cadre formel de bachotage (donc seulement pour ceux qui passent en terminale), en préférant toujours la leçon édifiante, « efficace » pour décrocher le bac.

Penser est inutile

De l'école à l'entreprise, il n'y aura qu'un pas. Des cadres, efficaces pour avoir assimilé les doctrines de l'entreprise se trouvent (ou se croient) incapables d'avoir une pensée authentique et spontanée, faute d'occasions de penser. Des élèves bourrés de cours recrachent parfois avec panache les notions prémâchées qu'on leur demande justement de bien régurgiter. Mais demandez-leur quelles sont leurs propres pensées : silence.

Où, quand, comment réfuter soi-même ses propres préjugés ? Notre monde est infesté de formateurs qui forment, de professeurs qui professent, d'instituteurs qui instituent. Tous vomissent leurs savoirs sur des assemblées d'éponges : les mieux imbibés réussiront dans la vie. Mais leurs vies ?

À quoi sert de penser ? Que la question se pose révolte, et cet emploi du verbe servir hérisse : le but inavoué n'est-il pas de se servir de l'homme, d'en faire quelque chose de prévisible comme un bon ustensile ? Pourquoi perdre du temps à se chercher, quand des modèles de vie sont proposés ? Pourquoi s'attarder à exercer un esprit critique là où la libre pensée n'a pas de place ? Tant d'efforts pour tant d'inconforts, quelle vanité ! Autant baisser les bras, se soumettre sans condition : il est plus confortable de rester soumis et suivre des rails sans question.

Le sens de la vie n'est pas au programme

Pourtant l'enseignant est une personne. Un professeur est humain, mais prépare aux examens plutôt qu'à l'humanité. L'élève doit être « élevé », « formé », pour servir dans le marché du travail en tant que ressource humaine : il n'est pas nécessaire (et il est plutôt gênant) qu'il existe en tant que personne. Qu'il ne parle pas, sinon de son programme ! Le sens de sa vie n'est pas au programme. Poussons le cynisme jusqu'au bout, réjouissons-nous de l'inconstance de sa pensée, insistons sur le fait qu'il ne sait pas s'exprimer, jusqu'à nous en convaincre. Puis vantons-nous de le rendre prévisible, fiable. C'est pour son bien qu'on lui épargne le malheur de penser (de penser mal, dit-on). Les angoisses existentielles sont trop lourdes pour ces petites consciences : c'est la conscience véritable qu'on évite, cette conscience qu'on sait ingérable !

L'élève est une personne. Il le sait : cela crie tout au fond de son être, depuis toujours, pour toujours. Mais il sait encore que dans le cadre étroit de l'instruction on s'acharne à faire quelque chose de lui.

Un professeur n'est pas un philosophe

Total respect, ô profs ! Il faut que le savoir soit transmis, indubitablement. Simplement il convient de distinguer l'enseignant, l'élève... et les philosophes. La philosophie s'enseigne quand on en raconte l'histoire édifiante. Mais philosopher se vit : une leçon n'a rien à voir avec un débat.

L'animateur de débat philosophique en classe peut difficilement enseigner dans cette même classe : les rôles se mélangent mal. Un intervenant qui surgit ponctuellement pour inviter à penser est autrement accueilli qu'un professeur qui, après avoir fait de bonnes leçons, propose d'oublier l'enseignant pour former une communauté de recherche. Il quitterait son rôle de précepteur ! Après avoir instruit, noté, après s'être évertué à longueur de programmes à remplir ces « petites têtes » de contenus pédagogiques, comment l'enseignant pourrait-il prendre des leçons de ses élèves, se prendre en pleine face ces consciences élaborant leurs propres concepts ? Imaginerait-on des ouvriers participant spontanément à un débat proposé par leur contremaître ?

On s'indigne de ce que l'Éducation nationale accorde peu de place à la philosophie ; on s'étonne, on se scandalise que des étrangers tels que les animateurs de débats sortant de leurs cafés-philo vulgaires (de *vulgus*, le peuple, la rue) entrent dans les établissements dits publics, mais c'est absolument nécessaire, pour l'enseignant et pour l'élève, qui ont besoin d'air !

Il faut que cet intervenant rappelle à toutes ces personnes qu'elles sont des choses qui pensent, pour reprendre le mot de Descartes. L'enseignant peut s'asseoir parmi ces consciences et participer au débat comme tout un chacun, si et seulement s'il consent à s'effacer, à oublier son rôle le temps du débat : le voilà libre lui aussi de penser sans se conformer à son rôle préétabli. Alors chacun peut s'accorder le droit de penser sans crainte d'être jugé, noté, corrigé : n'importent que les idées s'ébattant enfin seules !

Le silence ne fait pas long feu quand il ne s'agit plus d'instruire, mais de laisser penser.

Penser est une activité naturelle. Si, si ! Naturelle, mais perfectible : donnons-lui l'occasion de s'exercer. Instruire n'est pas débattre : l'élève sait se taire, l'humain sait penser. Rares sont ceux qui s'accrochent d'une façon crispée à leurs préjugés, quand tous ensemble sont invités à exercer leurs facultés de juger : l'occasion est trop belle, et trop rare !

Comparaison entre conseil coopératif et discussion philosophique

Sylvain Connac,
professeur des écoles, Montpellier.

À LA QUESTION « qu'est-ce que c'est pour toi la philosophie ? », Yasmina, 8 ans, et Nareth, 11 ans, tous deux élèves d'une classe coopérative de cycle III ont répondu « c'est presque comme un conseil mais au conseil on critique » et « c'est un conseil où on discute [1] ». Le rapprochement naturel que font ces enfants entre les institutions « conseil de coopérative » et « discussion philosophique » nous [2] conduit à cette réflexion présentant une brève comparaison entre ces deux dispositifs pédagogiques.

« Qui c'est l'conseil ? »

Si nous devions nous poser la question de la définition de la discussion philosophique, nous pourrions être bien embêtés pour aboutir à un consensus contentant les divergences axiologiques et pédagogiques. En revanche, lorsque nous recherchons une définition du conseil de coopérative, certainement en raison de sa plus grande histoire, le doute est moindre. Nombreux ont été les pédagogues qui en ont testé les vertus, à commencer par J. Korszak, certainement le précurseur (il utilisait pourtant le terme de tribunal [3]). Depuis, C. Freinet et ses successeurs en ont approfondi l'étude et il est fréquent de voir des classes s'y référer. Nous choisissons d'en donner deux définitions différentes, une pratique et une fonctionnelle.

« Le conseil de coopérative, c'est simple : à un moment donné, la classe cesse ; on parle ensemble de ce qui se passe pour le changer, puis on décide [4]... »

« Le conseil, réunion d'information de tous par tous, œil du groupe : appareil de radioscopie décelant les formations microsociologiques, compteur grégaire renseignant sur l'énergie inconsciente... Instrument d'analyse, d'interprétation, de critique, d'élaboration collective et de décision, mémoire du groupe aussi : nous avions parlé de cerveau du groupe. [...] En tant que réunion d'épuration qui draine toutes sortes d'énergies, les récupère ou les élimine, le conseil était le rein du groupe mais Cour de justice ou lieu de recours, lieu où se fait la loi dans le groupe, où l'on parle au nom de la loi, différemment et efficacement, le conseil nous apparaissait comme un moment de langage, créateur de nouveaux dynamismes : cœur du groupe [5]. »

Lorsqu'un visiteur non averti entre dans une classe, il lui est très difficile de pouvoir dire si ce qu'il voit est plutôt une discussion philosophique ou un conseil. Dans

---

1. Voir notes p. 55.

les deux cas, les enfants sont positionnés en cercle et s'expriment en prenant la parole. Un président de séance gère la forme des échanges (prise de parole, respect des règles, ordre du jour, durée...). L'enseignant est présent mais sa place n'est pas prépondérante : il écoute et intervient ponctuellement. En fait, cet observateur assiste dans les deux cas à un débat fonctionnant sur le modèle démocratique dont les lois sont similaires à ce que R. Lafitte peut en donner : « J'écoute qui parle, je demande la parole et je ne me moque pas [6]. »

Présence d'observateurs

Certaines expériences ont montré que pour qu'un maximum d'élèves puisse profiter des séances de discussions philosophiques, il valait mieux que le nombre de discutants n'excède pas une quinzaine, l'autre moitié de la classe se trouvant dans un endroit différent ou occupant les fonctions d'observateurs [7]. Cette disposition n'aurait pas de sens pour un conseil puisque l'une de ses fonctions est la régulation de la vie du groupe. Il deviendrait absurde d'interdire la parole à des observateurs susceptibles ensuite d'appliquer des règles qui sont en train d'être élaborées puis décidées par une moitié du groupe à laquelle ils n'appartiennent pas.

Des maîtres-mots adaptés

Parce que dans une classe coopérative les enfants sont souvent amenés à prendre la parole voire même la présidence de ces moments de parole, il existe ce qu'on appelle des « maîtres-mots ». Il s'agit de guides du discours dont la signification appartient au sens commun du groupe. Un maître-mot a pour fonction de permettre aux personnes à qui il se destine de produire plus rapidement, d'entrer directement dans la problématique à aborder et ainsi de passer sur toutes les questions d'organisation que nécessite le débat. Ce sont de courtes phrases qui permettent à chacun de savoir où le groupe en est et ce qu'on attend de lui. Les maîtres-mots du conseil sont indispensables, faute de quoi naissent angoisses, tumulte et conflits. Par exemple, lorsqu'un président de séance lance « le conseil est ouvert », cela signifie, en même temps que débute cette réunion, qu'entrent en vigueur les lois déjà connues de tous. Le maître-mot « gêneur » est employé par ce même président lorsqu'il estime qu'un membre du conseil perturbe le déroulement par le non-respect de ces mêmes règles précitées.

Pour la discussion philosophique, nous pensons que l'intérêt est moindre mais existe tout de même. La moindre importance est certainement due à la petitesse de l'ordre du jour : on n'aborde généralement qu'un seul thème. Pourtant, plusieurs moments guident les débats : l'introduction, les échanges [8], les dernières interventions, les synthèses, les reformulations, le choix du prochain président, etc. C'est bien évidemment pour que ces passages parasitent au minimum la discussion que les maîtres-mots deviennent une aide utile au président.

Une évolution congruente

Toujours dans une classe coopérative, ce qui se passe dans les conseils est à l'image de ce qui se passe dans le groupe. Ainsi, lorsque le groupe vit sereinement la coopération, les conseils traitent plutôt de propositions et de projets. À l'inverse, lorsque le groupe est miné par les conflits, le conseil devient une sorte de tribunal qui ne laisse place qu'aux critiques et sanctions. F. Oury reconnaît cette réalité et l'étend à la mise en place de l'institution dans le groupe classe. « L'évolution du conseil qui reflète celle du groupe n'est nullement naturelle, fatale et linéaire. Il nous semble possible de dégager un schéma d'évolution : le silence, le tumulte, le langage[9]. »

Cette observation semble se vérifier également pour les discussions philosophiques. Il y a un temps où tout est bien, où les échanges sont polis mais d'où rien de vraiment éducatif ne ressort. La discussion philosophique n'est en fait qu'un débat sans vie. Il y a un deuxième temps où le dispositif est mis à l'épreuve, où la contestation est maître du jeu. De ces séances, rien de « philosophique » ne peut en être tiré si ce n'est l'assurance que le groupe est en train de s'adapter le dispositif et chemine vers le troisième temps. C'est celui du langage où les échanges deviennent réellement des moments d'apprentissages, aussi bien quant au respect des règles du débat qu'à celui des codes philosophiques. Il nous semble hasardeux de vouloir délimiter ces périodes dans le temps, l'évolution dépendant d'une quantité de variables.

Place de l'adulte

Que ce soit pendant un conseil ou lors d'une discussion philosophique, la place de l'adulte nous paraît similaire. Nous présentons ici deux dispositifs dont l'une des finalités est de permettre à l'enfant d'apprendre par l'action (J. Dewey). Même pour des raisons de respect de normes philosophiques, il nous paraît inopportun que l'adulte présent pèse trop par ses interventions. Un critère de réussite est que chaque enfant se soit construit et non qu'il ait réussi à formuler « comme un adulte ». Les interventions de l'enseignant ne peuvent donc qu'être mesurées, aussi bien dans le fond que dans la forme. Pourtant, il ne peut pas tout laisser dire, au risque dans un conseil d'aboutir à des décisions contraires au fonctionnement coopératif de la classe et dans une discussion philosophique à l'élaboration de raisonnements opposés à l'idée d'humanisme. Contre cela, l'enseignant dispose d'un « droit de veto » qui lui permet, en tant que responsable des progrès scolaires et de la sécurité physique et psychologique de tous, de poser un impératif catégorique. C'est le cas dans un conseil lorsque la sanction votée par le groupe à l'encontre d'un enfant perçu comme bouc-émissaire est démesurée voire dangereuse. Ce peut être aussi le cas dans une discussion philosophique lorsqu'une majorité de discutants impose une idée contraire au respect de l'homme. Ce droit de veto peut s'appliquer par exemple lorsqu'un groupe d'enfants défend l'idée que « les Gitans sont pas des humains parce qu'ils n'ont pas le même sang ». Pour être compris et accepté, ce droit de veto doit être connu de tous et avoir été présenté à l'avance. Il ne s'agit en aucun cas d'un moyen d'imposer un système de valeurs, mais simplement de garantir la cohabitation entre permissivité et responsabilité éducatives.

Rechercher la pensée réflexive : la principale différence

Ce que le visiteur non averti ne voit pas, c'est ce qu'il n'entend point. La principale différence entre un conseil et une discussion philosophique n'est pas de l'ordre du fonctionnement. Elle se situe plutôt dans la nature de ce qui est dit. Un conseil se veut un guide de vie, un tuteur aux relations, une colonne vertébrale au vécu. De ce fait, il traite de concret, de sensible, de personnel. Les sujets qui y sont abordés concernent des individus et touchent leurs émotions. C'est pourquoi il arrive très fréquemment que des enfants soient amenés à montrer des sourires ou des larmes. Ce qui se dit est de l'ordre d'abord de la narration et ensuite de l'argumentation : chacun explique son vécu (sous forme de plaintes ou de propositions) puis tente de l'appuyer par des arguments dont le but est de rallier un maximum de votants. Un exemple suffit pour justifier une opinion. La recherche de consensus ou de majorité devient la norme dans la mesure où le vote sanctionne les avis.

Lors des discussions philosophiques, les échanges se présentent sous d'autres formes. Naturellement, sans que ce soit forcément philosophique, un débat d'enfants les conduit vers l'utilisation d'arguments ou d'exemples. Il ne s'agit plus ici de rallier la majorité mais plutôt de se faire comprendre et de faire accepter par d'autres les idées qu'on avance. Pour que ce débat devienne philosophique, il doit répondre à une série d'exigences intellectuelles (M. Tozzi) : argumenter mais aussi problématiser et conceptualiser. Les enfants sont donc doublement amenés à se montrer vigilants de ce qu'ils souhaitent dire : ils doivent en penser la forme mais aussi le sens. C'est pourquoi beaucoup d'entre eux parlent de la philosophie comme étant le royaume de la question et de la définition, justement parce que c'est cela qui fait la différence avec le débat démocratique du conseil. Il ne suffit plus d'être convaincant, il faut le montrer, l'exemple n'étant plus une preuve.

Au terme de cette réflexion, qu'en retenir ? Dans un premier temps, que discussion philosophique et conseil de coopérative défendent des valeurs partagées : celles qui consistent à faire valoir que des enfants se construisent d'autant mieux dans l'action. Ensuite, il apparaît que, dans leurs formes, ces deux dispositifs pédagogiques présentent de grandes similitudes. Ceci a pour principale conséquence que des élèves qui maîtrisent les déterminants d'un conseil semblent encore plus enclins que d'autres à maîtriser ceux de la discussion philosophique, et inversement. Tout conduit donc une classe coopérative vers la philosophie et un groupe de discussion philosophique vers la coopération. C'est surtout la tâche de l'enseignant de mettre en place les dispositifs qui semble ici allégée. Enfin, nous avons montré à quel niveau se situaient les divergences entre ces deux pratiques. Alors que le conseil a pour visée la régulation et l'apprentissage de la vie coopérative, la discussion philosophique recherche des apprentissages concernant la pensée réflexive. C'est donc dans le discours que résident les principales différences.

Nous pensons même que cette divergence devient une richesse par sa complémentarité. Un conseil seul est l'instance de régulation de la classe coopérative. Une discussion philosophique isolée apparaît souvent dans une classe comme l'îlot de liberté, de considération et de possibles (ce qui d'ailleurs est un facteur important de son succès auprès des élèves des classes traditionnelles). En réunissant ces deux types de réunion, les enfants profitent des intérêts de chacun mais aussi des interrelations et de la systémie qui se créent. Les parallèles deviennent alors possibles entre le vécu de la classe et l'universalité qu'apporte la philosophie, le tout permettant aux enfants d'effectuer des transpositions didactiques inédites entre l'idée de démocratie et celle d'humanité.

Le conseil de coopérative est souvent considéré comme étant « la clé de voûte du système puisque cette réunion a pouvoir de créer de nouvelles institutions, d'institutionnaliser le milieu de vie commun [10] ». Avançons l'idée qu'avec l'appui de la philosophie, de son essence et de son histoire, les discussions philosophiques deviennent « les fondations de cette voûte ».

Notes

1. S. CONNAC, DEA, *La Discussion philosophique comme institution de la pédagogie institutionnelle*, Montpellier 3, 2000-2001.
2. Groupe de recherche « PIDAPI » s'employant à développer une démarche d'apprentissage en pédagogie institutionnelle.
3. J. KORCSZAK, La colonie de Mikhalouwka, in *Éducation et développement*, no 28, mai-juin 1967, p. 48 à 51.
4. F. OURY et A. VASQUEZ, *De la classe coopérative à la pédagogie institutionnelle*, Paris, Maspéro, 1971, p. 464.
5. *Ibid.*, p. 422.
6. R. LAFFITTE, *Mémento de pédagogie institutionnelle – Faire de la classe un milieu éducatif*, Matrice, 1999, p. 114.
7. A. DELSOL, Un atelier de philosophie à l'école primaire, *Diotime-L'AGORA* no 8, Montpellier, CRDP, décembre 2000.
8. Même à l'intérieur des échanges, des parties sont identifiables: cf. G. AUGUET, DEA *Approche linguistique de la philosophie pour enfants*, Montpellier 3, 1999–2000.
9. F. OURY et A. VASQUEZ., *Vers une pédagogie institutionnelle ?*, Matrice, 1966, p. 92.
10. *Ibid.*, p. 82.

Chapitre II

La mise en place de pratiques philosophiques

Discussion philosophique : parcours du débutant et identité professionnelle

Samantha Van Geenhoven,
professeur des écoles.

LE PREMIER ATELIER que j'ai animé était en grande section lors d'un stage en pratique accompagnée. Le dispositif utilisé était le suivant : tous assis en cercle sans table, rappel des règles de fonctionnement, question imposée et discussion. J'avais beaucoup de difficultés à écouter, à chercher à comprendre ce que disaient les enfants, à donner la parole. En même temps, fallait-il intervenir ? Quand ? Comment ? Plutôt que de m'imposer en étant exigeante sur la forme et sur le fond, m'obligeant à intervenir pour chaque enfant au risque de les faire taire par la peur de l'erreur, j'ai demandé à l'enseignante de la classe de continuer. Comment ne pas avoir une écoute sélective, manipulant les paroles des enfants pour leur faire dire ce qu'ils ne disent pas… et les duper en leur faisant croire que ce sont eux qui en sont arrivés à cette conclusion ?

Pour trouver des réponses sur la façon d'intervenir, j'ai dû recourir à des publications, des cassettes vidéo, puis je suis allée voir des ateliers philo chez d'autres enseignants. Mais c'est surtout l'analyse comparative de ce que j'ai vu et la réalisation d'une grille d'observation et d'analyse (parcours personnalisé à l'IUFM, journée pédagogique) qui m'a aidée à mettre en place mon premier atelier philo. J'y ai mis un responsable du micro, un de la parole, un reformulateur et j'étais la présidente de séance. Ensuite, chaque atelier a été analysé en fonction des difficultés rencontrées et nous verrons en quoi celles-ci peuvent faire évoluer l'identité professionnelle.

Les difficultés rencontrées lors d'une discussion philosophique

L'écoute

PREMIER OBJECTIF : arriver à laisser du temps aux enfants pour s'exprimer, accepter les silences et les longues hésitations pendant et entre les interventions.

Premier constat (CE2-CM1) : ils sont extrêmement silencieux, calmes, respectueux de la parole, du début jusqu'à la fin. J'avais peur qu'ils ne finissent par trouver ennuyeux de rester assis en train d'écouter et de discuter, qu'ils ne s'agitent à la moindre hésitation d'un des discutants ou si les propos d'un discutant ne les intéressaient pas. J'ai donc eu tendance à remplir les vides, à accaparer le micro à la moindre hésitation, à essayer d'attirer l'attention sur moi régulièrement, comme pour mieux les maîtriser. Pourtant, d'une part, j'étais rassurée (j'avais « maîtrisé la situation »), d'autre part, vers la fin, j'arrivais à les laisser terminer de parler. J'ai ensuite réussi à accepter les moments où personne ne prenait la parole.

Deuxième constat: le nombre d'enfants limite le nombre d'interventions : mise en place d'un observateur par enfant qui, en plus d'observer, peut poser des questions. Avoir des observateurs et un responsable de la parole permet d'intervenir deux fois moins, aux discutants d'intervenir deux fois plus et aux observateurs de poser presque deux questions chacun.

DEUXIÈME OBJECTIF : il faut clarifier mes exigences intellectuelles afin que mes interventions les fassent progresser.

L'exigence intellectuelle

Comment intervenir sans induire la réponse dans la question ? Pourquoi intervenir ? Comment conceptualiser en créant de la cohérence, du sens entre les différentes interventions ?

Libérée des diverses responsabilités, donc plus à l'écoute, je commence à percevoir les conceptions et notions mises en jeu lors des discussions, mais cela nécessite beaucoup de concentration.

Les élèves ont exprimé à la fin d'une séance l'importance du reformulateur. J'y ai vu alors, un intérêt plus grand à reformuler leurs propos, sans chercher à rebondir. Par ailleurs, en intervenant moins souvent et grâce aux observateurs, ils interagissent entre eux. Qu'apportent ces interactions ? Ce sont eux qui problématisent. En comparant les scripts d'un atelier sans observateurs et d'un autre avec, je découvre que sans observateurs je suis la seule à poser des questions problématisantes (9) et qu'avec des observateurs j'en pose 3 et eux 13 !

Finalement, ce dispositif ne serait-il pas « plus » philosophique, dans la mesure où il invite les élèves à poser des questions ? Au départ, ce dispositif poursuivait un objectif surtout démocratique, maintenant il apparaît aussi comme un outil facilitant les interactions entre élèves, par le questionnement des observateurs. Ne faudrait-il pas les faire intervenir davantage ? Leur rôle ne serait-il pas plus formateur que celui des discutants ? En effet, ne faut-il pas s'approprier la parole de l'autre pour pouvoir questionner, voire problématiser ?

TROISIÈME OBJECTIF : être cohérente dans la valeur donnée au questionnement de l'enfant.

Le sens d'un atelier philosophique

En effet, si philosopher commence lorsqu'on se pose des questions, un dispositif « philosophique » devrait permettre aux enfants de proposer et choisir la question philosophique !

La proposition d'une question philosophique par un enfant me fait remettre en question ma démarche : un des intérêts de l'atelier philo est de réfléchir aux questions que se posent les enfants. Or, c'est souvent l'enseignant qui choisit et pose la question… Pour l'atelier suivant, ils pourront proposer trois questions au choix. Je ne me sentais pas encore à l'aise pour qu'il y ait un atelier sur une grande question existentielle, je ne savais pas si je pouvais tout laisser dire, même si le raisonnement était logique. Lorsque j'ai compris que les seuls propos que nous ne pouvons accepter sont ceux qui véhiculent des valeurs qui vont à l'encontre de celles des Droits de l'homme, et de celles véhiculées par une République démocratique, j'ai accepté leurs propositions et ils ont choisi en votant.

Partage du pouvoir pour moins influencer et moins travailler à leur place

Puisque les observateurs ont un rôle important, j'émets l'hypothèse qu'en intervenant le moins possible, les observateurs le feront à ma place. Pour cela, ceux-ci ont priorité pour la prise de parole.

QUATRIÈME OBJECTIF : intervenir le moins possible.

Je ne voulais absolument pas guider la discussion en y mettant de la cohérence, et m'y contraindre n'a pas été facile. Par moment, je m'interromps, prenant conscience que j'empêche peut-être un enfant de le dire :

Ex.1

8e intervention	Maîtresse :	*Alors, pourquoi…* (je m'interromps pour laisser la parole au responsable de la parole).
9e intervention	Resp. de la parole :	*La question, c'est « pourquoi aimer ? », pas « pourquoi on est né ? ».*

Ex. 2

27e intervention	Maîtresse :	*Tu dis qu'aimer, il y a deux sens. Peux-tu expliquer quels sont ces deux sens ? Ou, les discutants, essayez de trouver quels sont les deux sens d'aimer. Est-ce que c'est pareil, par exemple…* (stop, je vais induire la réponse) *Je ne vous donne pas d'indice !*
42e intervention	Myriam (obs) :	*Moi, je me demande pourquoi, si on aime quelqu'un par amour ou par amitié ou si on aime, par exemple des bottes ? Je me demande comme ça…*

Quelle surprise ! Les observateurs interviennent bien plus souvent que je ne le pensais et les interventions se succèdent si rapidement que je me sens désemparée pendant tout l'atelier : je ne savais plus ce que je devais faire !

L'objectif est de voir si des observateurs peuvent relever une incohérence dans le discours d'un discutant, et si leurs questions peuvent être une problématisation d'un propos d'un discutant. La distribution de la parole se faisant selon un ordre d'inscription, il ne faut pas s'attendre à ce que les réactions des observateurs s'expriment immédiatement après l'intervention qui en est à l'origine. Au contraire, cela peut se produire bien plus tard, ce qui peut donner l'impression de perdre le contrôle. Mais, de quel contrôle s'agit-il ?

Conséquences sur la construction de l'identité professionnelle

C'est en stage que j'ai pris conscience que l'identité professionnelle que je pensais déjà avoir construite avec mon passé et mes lectures ne l'était pas encore. J'avais comme une certitude que je ne serais pas comme je ne voulais pas être… Il s'agissait en réalité d'une projection de l'enseignant que je m'imaginais devenir. Je ne savais pas qu'il y avait une phase intermédiaire, un entre-deux, où nos actes, nos idées et nos valeurs pouvaient être en désaccord.

C'est grâce à la mise en place des ateliers philo que je suis parvenue à être plus cohérente entre mes pensées, mes paroles et mes actes :
– capacité à prendre plus de temps pour écouter les enfants jusqu'au bout ;
– ce sont eux qui ont « travaillé » et non l'enseignant à leur place.

En effet, lors de la dernière séance, j'ai été très déstabilisée, et par conséquent, ce conflit cognitif que j'ai vécu me semble montrer que mon identité professionnelle évoluait. Vouloir déléguer mon pouvoir grâce à l'évolution du dispositif m'aidait peut-être à évoluer un peu, mais c'est à partir du moment où ce pouvoir m'a, en quelque sorte, échappé et que je me suis sentie « désemparée » que j'ai enfin réussi à faire ce que je pensais. En prenant du recul et en essayant d'analyser, j'émets l'hypothèse que ce qui me dérangeait et me déstabilisait était que ce n'était plus moi qui faisais des liens entre les idées, qui conceptualisais, qui demandais des arguments, qui problématisais, mais eux ! Jusqu'alors, l'exigence intellectuelle qu'il me semblait poursuivre était peut-être mon exigence, alors que dans le dernier atelier, elle était peut-être devenue la leur. Est-ce cela apprendre à penser par soi-même ? Est-ce aussi cela les mettre en situation d'apprentissage, le maître veillant au bon déroulement des opérations, à la sécurité affective des enfants ? Suis-je en train d'idéaliser ? Ce qui est certain, c'est que cela m'interpelle…

Le rapport au savoir et au pouvoir : le statut de la question

Les ateliers philo supposent donc un rapport non dogmatique au savoir. D'une culture de la réponse qui tue la question et qui tue l'envie de savoir, ils font passer à une culture de la question. Celui qui détient le savoir, détient le pouvoir. Autoriser l'enfant à se construire lui-même ses savoirs (pouvons-nous les construire à sa place?) implique le partage du pouvoir, et la transformation d'une relation duelle avec chaque enfant sous forme d'entretien philosophique en une discussion philosophique. Par ailleurs, l'enseignant peut ne pas être l'unique garant de la loi, en déléguant une partie de ses pouvoirs aux enfants sans pour autant perdre son autorité : un rapport à la loi plus coopératif. Et puis, de quel pouvoir armons-nous l'enfant au moment où nous lui proposons de philosopher?

Le rôle du maître

En caricaturant, il est passé de celui du maître induisant fortement la parole de l'enfant à celui d'animateur la guidant, puis à celui d'accompagnateur (*Cahiers pédagogiques*, avril 2001) sécurisant l'enfant lors du conflit socio-cognitif. Apprendre à penser par soi-même nécessite, comme tout apprentissage, de faire bouger le système de représentations du sujet. Cette déstabilisation cognitive entraîne une déstabilisation affective qui, souvent, gêne l'apprentissage. L'accompagnateur est alors là pour veiller à la sécurité affective des enfants.

Il y a plusieurs manières d'écouter et d'entendre les questions des enfants : scientifiquement, philosophiquement et psychologiquement. Cette écoute permet de dénicher les questionnements des enfants, à condition d'en prendre le temps. C'est une des premières difficultés à surmonter (un peu de pouvoir en moins…) : apprendre à écouter vraiment, jusqu'au bout, la parole des élèves.

Il est important aussi de clarifier nos valeurs, de les définir. La discussion philosophique est un lieu où celles-ci sont discutées. Les définir clairement nous permet d'ajuster nos actes à celles-ci et nous aide à construire notre identité professionnelle.

Croire en l'éducabilité philosophique de l'enfant produit un effet pygmalion : croire en leur capacité à penser de façon autonome dans les ateliers philo, c'est croire qu'ils peuvent le faire dans les autres matières. L'élève, sujet essentiellement apprenant, est devenu aussi un sujet pensant.

Le rapport à la langue

Pratiquer ces ateliers philo développe des compétences dans le domaine de la langue : prise de conscience de la difficulté à s'approprier la parole de l'autre et de l'intérêt de la reformulation pour y arriver (l'enseignant pour comprendre l'élève et l'élève pour comprendre la consigne et les explications de l'enseignant). Quel usage voulons-nous faire de la parole : parler pour soi, pour se faire entendre ou pour communiquer, dialoguer? La parole pourrait-elle ne pas être uniquement basée sur la confrontation, mais aussi sur l'écoute et la reformulation, dans le respect de la pensée de l'autre?

C'est en étant déchargés de certaines responsabilités que nous pouvons observer l'impact de la signification des mots. Certains enfants se sentent effectivement agressés quand un camarade dit «je ne suis pas d'accord avec toi» alors qu'il pense «je ne suis pas d'accord avec ce que tu dis». Il faut apprendre à distinguer ce que l'élève pense, ce qu'il dit, ce qu'il fait, et le transférer dans notre pratique...

En conclusion, c'est le statut de la question dans l'enseignement et l'apprentissage qui a été remise en cause dans la pratique de classe : va t-on à l'école pour apprendre des réponses ou pour apprendre à poser des questions ?

«[Il est très facile de] *ne pas devenir intelligent en s'assoupissant dans la passivité des réponses apprises, en renonçant à l'effort de formuler ses propres questions.*» Albert Jacquart, 1984.

L'écoute dans la discussion philosophique

*Emmanuèle Auriac-Peyronnet,
MCF psychologie, IUFM d'Auvergne.*

> *Si je veux réussir
> À accompagner un être vers un but précis,
> Je dois le chercher là où il est
> Et commencer là, juste là.*
> Sören Kierkegaard,
> philosophe danois (1813-1855)[1].

TOUT ADULTE A TENDANCE à sur-interpréter et dans ce sens mal entendre les propos, encore plus les balbutiements des jeunes élèves. Il y a une explication plausible à cela. Dès que l'on entre dans le monde, on naît « ensorcelé » (Cyrulnick, 1997). Les propos plus que les silences précèdent notre avènement au monde. Ce sort d'acculturation humaine impose la quête active du sens. Et le langage est un outillage merveilleux pour nous rendre ce service. Dès que tu parles, avant même que tu aies fini, je mets en marche un moteur d'inférence pour anticiper le sens de ce que tu dis. Socialement, mieux vaut avoir compris avant tout le monde. Saisir le sens avant même qu'il advienne…

Philosopher, au contraire de nos pratiques sociales habituelles, impose de contrôler très largement notre intrusion dans l'univers d'autrui. L'écoute dans des situations de dialogue philosophique suppose de briser des automatismes. Écouter, pour l'animateur de débat philosophique, c'est avant tout s'interdire de penser à la place des autres. Est-ce pratiquement possible ? Comment s'abstenir de penser, lorsque le jeu de langage repose essentiellement sur l'activité de penser ?

Les enseignants ayant pratiqué des discussions philosophiques dans leur classe font volontiers écho au lâcher prise nécessaire de ce fil rouge ordinaire de l'enseignant qui sait où il va… L'aventure intellectuelle du philosopher doit accomplir une dévolution (céder les droits du penser) et non accaparer l'autre vers une issue fatale (sens prédéfini). Le fil conducteur de l'enseignant peut alors au lieu d'être cette quête active devenir une écoute active.

Qu'est-ce que l'écoute active ?

L'écoute active se veut être le reflet exact de ce qui vient d'être dit, sans entacher ni le contenu (message), ni la personne associée au message (Gordon, 1981). Certains enseignants pratiquent cette forme de reprise du dit, avec empathie, désir de comprendre ce qui est dit et généralement mise du dit au service du public. Car

---
1. Voir notes p. 71.

la classe est avant tout un espace public. Nous prenons volontairement des exemples acquis dans une autre situation scolaire (classe de mathématiques, 6e, Irem Clermont-Ferrand). Les mots du professeur (P) qui constituent à proprement parler le reflet du discours de l'autre sont en italiques.

Ex. 1

>J : Deux huitièmes pour celle-là.
>
>P19 : Jacky propose *pour celle-là deux huitièmes*.

Ex. 2

>C : Deux huitièmes et un quart.
>
>P20 : Tu as mis *deux huitièmes*, tu as aussi mis *un quart*.
>
>P21 : Isabelle ?
>
>I : J'ai mis pareil.
>
>P22 : Tu as mis *deux huitièmes et un quart*.

Ex. 3

>S : Ben deux huitièmes ? On a fait un gâteau, on l'a partagé en huit et on a pris deux parts.
>
>P47 : *On l'a partagé en huit et on a pris deux parts*. Le dénominateur est le nombre de parts que l'on fait. On partage en huit parties et on en prend deux, qui est indiqué par le numérateur.
>
>>Extrait de Noirfalise A., Noirfalise R., IREM, 1999.

Dans chaque cas, ce reflet a l'avantage de reprendre exactement ce qui a été dit. Toute la valeur de l'écoute active repose sur cet aspect : faciliter la compréhension de tous, en soulageant le travail habituel d'inférence privée. Reconnaître publiquement ce qui est dit pour que cela serve pour la suite. Cette forme de reprise du dit est d'une importance cruciale, car elle stabilise, dans l'espace de déploiement du discours et par la voix de l'enseignant, quelque chose qui va être alors recevable. Toute parole est fluente, voire fuyante... En revanche, une parole simplement répétée est à la fois repérée en tant qu'émise, et publiquement validée en tant que telle. Bref, elle est réellement, pratiquement, efficacement écoutée et non seulement entendue.

L'écoute comme moteur du philosopher

Jusqu'à quel point l'écoute active peut-elle devenir un principe lors des dialogues philosophiques ? Nous prendrons appui sur un court extrait de discussion philosophique à l'école maternelle, grande section[2]. Les conversations scolaires en maternelle prennent habituellement l'allure de débat expressif (juxtaposition d'émissions de paroles), de débat interprétatif (recherche d'hypothèses en regard d'un support imagé – album de littérature jeunesse par exemple), et plus rarement de conversation sociale, comme par exemple sous l'impulsion des travaux d'Agnès Florin. Dans ce dernier cas, l'adulte entre dans un véritable jeu de questions nécessitant des réponses intéressant les sujets.

Exemple d'interaction conversationnelle (I : enseignante, B : élève)

> B2 : Des été... collantes.
>
> I4 : Ah ! des étiquettes.
>
> B3 : T'aime bien du foot ?
>
> I5 : J'aime bien le foot ? Oui de temps en temps. C'est des étiquettes autocollantes ?

Tiré de Spigolon, Specogna, Aspects sociocognitifs d'une interaction adulte-enfants à l'école maternelle, *Interaction et Cognition*, 1 (2-3), 1996, 367-396.

Dans cet extrait, l'intervention B3 n'est pas fréquente dans le contexte scolaire ordinaire. L'écoute attentive de l'enseignante permet à l'élève d'interagir comme il le ferait avec un proche (voir plus loin l'exemple de conversation mère-enfant). Mais on le voit, l'histoire du foot correspond à une digression, fort heureusement permise ici, mais vite refermée.

Pour penser, il faut être intéressé. À l'instar des conversations sociales, converser philosophiquement impose de parler vrai pour dire quelque chose. Dans l'extrait suivant que nous présentons, nous tenterons de faire apparaître la caractéristique de la discussion philosophique. Ceci oblige à tenir compte d'éléments prélevés dans le discours, mais pour faire apparaître en quoi c'est la qualité d'écoute et d'abstention de l'enseignante qui supporte l'évolution du discours produit.

Cet extrait met en scène quatre élèves et l'enseignante (neuf élèves participent à la discussion). Le corpus est volontairement choisi en début de session pour montrer ces balbutiements qui, écoutés, pourront s'actualiser puis se transformer. Car la pratique du philosopher se fait sur le long terme. L'enseignante n'apporte rien en termes de contenu, mais force avec la matière donnée par les élèves à lier ou relier les idées et à situer les propos les uns par rapport aux autres. Comment l'enseignante s'y prend-elle ?

Discussion *	Interprétation
L'échange a déjà commencé, Sarah évoque une activité qu'elle a jugée "bien" 1- Enseignante : D'accord y a *alors* Sarah tu voulais continuer ton *idée*. 2- Sarah : Ben moi je me j'me lis des histoires *toute seule* même à *mon p'tit frère* j'en lis.	Aller chercher autrui, lui laisser une place, un espace.
3- E : *D'accord* et ça tu crois que *c'est bien*.	Activer le lien avec le commentaire-jugement antérieur.
4- Sabrina : // Et elle elle sait lire et elle elle veut lire c'est *leurs parents* qui leur a *appris à lire* et de lire et de bien *écouter*.	Différé sur Sarah pour laisser l'espace de l'idée de Sabrina.
5- E (à destination de Sarah) : Alors *toi pour toi* tu penses que *c'est bien* quand *tu* sais faire quand tu sais te débrouiller quand tu sais *faire toute seule*.	Reformulation type écoute active en direction de Sarah.
6- Sabrina : // Et *c'est bien parce que* elle //.	Réactiver le lien avec le thème du jugement bien-mal.
7- E (à destination de Sabrina) : // *Attends tu* je t'ai pas donné la parole *y en a d'autres* qui la veulent alors oui Miléna qu'est-ce que tu voulais dire. 8- Miléna : Eh ben quand mon [xxx] mon frère eh ben [xxx] y fait comme ça et moi après [xxx] et c'est lui c'est lui qui tombe [xxx] mais parce qu'*il est petit* il a pas *l'droit* [xxx].	Justification collective de la règle de l'écoute. Aller chercher autrui. Temps d'écoute de l'idée de Miléna.
9- E (à destination de Miléna et des autres) : Mais *toi tu* // d'accord alors // alors *c'est bien parce que pour toi ton p'tit frère* y vient *t'aider* et ça de la part de *ton p'tit frère* tu l' trouves *tu trouves ça bien*.	Réorientation (surcharge cognitive chez l'adulte) puis, reformulation avec lien réactivé sur le jugement bien-mal.
10- Sabrina : // Y rigole *il* est gentil //.	Temps d'écoute de Sabrina. Liaison des idées (petit frère = il) émises par les pairs.
11- E : Quand *on* aide *c'est bien alors* si je comprends //.	Synthèse généralisante (on) avec reprise du jugement bien-mal.
12- Sabrina : Et aussi après aussi *quand elle lit les histoires* à son *p'tit frère c'est bien* comme ça comme comme ça *son frère* y peut savoir des histoires. 13- E : Elle aide et y peut apprendre *donc* quand on aide *quelqu'un* et *quelqu'un qui sait pas c'est bien* aussi *Julie*.	Écoute des idées de Sabrina. Reformulation d'écoute active de la part de Sabrina. Aller chercher autrui.
14- Julie : Ma sœur elle apprend à lire //. 15- E : Et t '//. 16- Julie : Et à écrire.	Écoute de l'idée de Julie. Tentative d'interruption différée. Écoute de la fin de l'idée.
17- E : Et *alors* toi *tu* trouves ça *comment bien ou pas bien*.	Demande de lien avec le jugement bien-pas bien.

* // marque des interruptions ; [xxx] les éléments inaudibles ; en italiques les termes qui sont en rapport avec l'interprétation.

Dès le départ (1), l'adulte va chercher la parole de Sarah et facilite l'écoute collective en situant par avance le statut des propos de Sarah : continuer une idée. La disposition d'écoute de l'enseignant correspond au déploiement possible de l'écoute collective. Ce n'est pas magique, c'est effectif et parfois même explicité (cf. 7). En 3, elle pratique la suspension de jugement de valeur (voir contre-exemple ci-après) et conditionne l'interprétation des propos de Sarah à son commentaire antérieur (tu crois, bien-pas bien).

Contre-ex : 1 :
> 202 : Là tu pointes quelque chose de très très juste par rapport à l'article XXX euh je pense que tu as dit quelque chose d'essentiel.
>
> Extrait de J.-C. Pettier, *Philosopher en Segpa*, 2000.

Dans ce contre-exemple, c'est l'enseignant qui s'arroge le droit de porter un jugement de valeur sur le dit (c'est juste, c'est essentiel). Ainsi, il rompt totalement la valeur de l'écoute puisqu'il s'accapare le discours de l'autre.

Ainsi l'enseignante demande à Sarah un déploiement de sa pensée (« tu »). Elle vise une forme d'extension du dit en fonction de cette visée de commentaire sur les propos. On ne parle pas uniquement pour dire, mais pour situer ce qui se dit et ce qui pourrait se dire à ce propos. Si le propos est écouté (écoutable faudrait-il dire), il doit servir à quelque chose ! Les parents usent des mêmes tours lorsqu'ils apprennent à leurs enfants à parler, en étendant graduellement l'empan des propos tenus à un contexte un peu plus large d'interprétation : ils imposent alors une extension à d'autres temps passés ou futurs proches (ah ! oui c'est comme hier, on le fera tout à l'heure) ou à d'autres espaces (où ? ici ?). Le langage sert à évoquer, et à évoquer de plus en plus loin... Cela suppose une réelle écoute de ce qui se dit, sinon il y aurait rupture avec ce qui est émis et impossibilité d'étendre quoi que ce soit.

Exemple : conversion mère-enfant (J : Julia, 3 ans – M : maman)

J 13 – Des 'tits chats/chats dehors tu sais ? é tout p'tits chats é tout (p) tichats.

M 7 – De qui ?

J 14 – ... e moi.

M 8 – Des petits chats à toi ? mais où ? attention à tes bras sur la peinture/des chats de où ?

J 15 – ... e chez Marie.

[...]

M 10 – Ils sortent dehors les petits chats ?

J 17 – Oui.

M 11 – Et qu'est-ce qu'ils vont faire ?

J 18 – Va aproner/ais pas/ne/pas a pa(r) ti a rou/o va pas/o va pa : ti a rou.

> Extrait de A. Salazar Orvig, C. Hudelot, *Enchaînements, continuités et déplacements dialogiques*, Verbum, 1989.

En 5, 9, 11 et 17, l'enseignante va à chaque nouvel élève tenter le même passage à l'extension : cela suppose d'écouter ce qui est proposé pour le reprendre et demander à autrui de se positionner sur cette possibilité d'extension. Mais elle soulage le travail cognitif en reformulant (écoute active) ce que l'enfant a dit. Cela présente une double opportunité : vérifier que l'on ne sur-interprète pas, et décaler le travail d'inférence privée (pas toujours à l'œuvre d'ailleurs chez l'élève) sur la voie d'une extension productrice de pensée. Or dans ce court extrait, on voit chez Sabrina puis chez Miléna les effets ponctuels de cette écoute actualisée.

En 4, l'enseignante laisse Sabrina exprimer jusqu'au bout sa pensée. C'est le tour d'écoute classique, que nous nommerons d'abstention, qui permet de s'appuyer sur ce qui est réellement dit. L'enseignante fait de même pour chaque élève (en 1, 6, 8, 10, 12, et 14-16) et diffère même les idées pour réserver à chacun sa parole (cf. demande d'attente en 7). *A priori* tout est important.

C'est au sujet-élève, lors de la ré-écoute, de juger de l'importance de ses propres propos. Sabrina, en 4, a du mal à actualiser le passage de la conceptualisation (sa pensée) à la linéarisation (verbalisation explicite). La pensée est à l'œuvre mais le verbe ne suit pas. Il faut laisser ce temps d'écoute, sans aucune reprise, jugement de valeur, souci même de compréhension pour que Sabrina se pose dans la discussion. Cet exercice de devoir différer sa propre pensée (automatisme d'anticipation) pour laisser de l'espace aux élèves est difficile pour l'enseignant qui aime d'ordinaire avancer en boucle, en synthèse locale, pour se soulager graduellement et se débarrasser des idées pour avancer. Aboutir à court terme n'est pas la visée du philosopher.

On constate en 6 que le différé d'abstention est localement payant pour Sabrina qui réinvestit la discussion pour accomplir verbalement un lien entre les propos d'un pair (parce que « elle ») et la demande d'expansion (commentaire bien-pas bien). Si elle déroge localement à la règle de l'écoute collective (elle pense sans doute tout haut, en 6), elle s'insère dans le discours avec des extensions thématiques opératoires pour sa propre pensée. Par exemple, en 10, « il » rigole, « il » est gentil se rapporte aux questions du statut et du droit avancées juste avant par Miléna (voir ci-dessous) questions elles mêmes connectées au jugement sur l'activité (bien = gentillesse).

Chez Miléna, l'extension du dire ne va pas se faire directement dans le sens amorcé par l'enseignante en 3. Sa prise de parole peut paraître confuse... mais elle est reliée aux thématiques des activités citées en 1 (faire seul, faire à deux avec son petit frère) et elle introduit de nouvelles liaisons : nouvelle activité problématique (il tombe), problème du statut (petit), question du droit (évocation implicite du rôle des parents, de son rôle de sœur).

Au bilan, en 17 tours de paroles (ce qui est très peu), les élèves ont parlé d'activités (lire des histoires, tomber, aider, apprendre à lire-écouter, rigoler) en gardant l'accroche forte au petit frère qui leur sert de fil rouge, ce qui permet d'évoquer quelques cas de figure (seule, avec le petit frère) et d'amorcer des embryons de causes (être petit, avoir le droit), conséquences (tomber), qualités (être gentil).

L'enseignante, pour sa part, n'a fait que proposer un jeu de langage qui consiste à situer ce qui est dit dans un espace plus englobant, dans ce cas caractériser les activités en bien-pas bien. Or, c'est dans cet espace et sur la base de cet embryon de connexion verbe-pensée chez les élèves qu'il sera possible de reprendre ensuite, parce que cela aura été dit, les causes, conséquences, qualités, exposés des différents cas de figures pour dans un second temps travailler sur ces liens. Mais sans écoute, aucun lien ne peut s'actualiser chez l'élève.

Conclusion

Le simple reflet ne suffit pas pour philosopher. L'écoute passe par au moins deux phases. Tout d'abord, celle de l'abstention, du différé : les propos émis ne sont pas repris systématiquement. Ils servent en revanche à l'enseignant pour profiler la suite (écoute interne, capitalisation). Ensuite, l'écoute, pour devenir active au plan du penser, ne se contente pas de reformulation simple mais vise si possible l'extension : je ne parle pas pour raconter car on me force à parler pour juger ce que je dis, pour me servir de ce que les autres disent. C'est donc bien la capacité d'écoute de l'enseignant qui sert à l'édification du philosopher chez l'élève. Or, l'écoute interne d'abstention, puis celle d'extension ne peuvent réellement fonctionner que s'il y a au préalable une émission, qu'elle soit ou non sensée. Dans ce cadre, un des grands avantages du matériel élaboré par M. Lipman et M. Sharp, soit les romans supports à la discussion, tient en ce qu'ils permettent à chaque élève d'émettre un questionnement personnel initial. C'est la base même de l'activité de penser que de se poser. L'essentiel est de convoquer ce qui anime autrui dans et pour sa réflexion. Prétendre que les enfants ne questionnent pas ou proposent peu, c'est déjà projeter une certaine image de l'enfance. Écouter suppose d'attendre d'avoir à réellement prélever quelque chose... fut-ce un dit incompréhensible pour l'adulte.

Bibliographie

– B. Cyrulnik, *L'Ensorcellement du monde*, Paris, O. Jacob, 1997.
– T. Gordon, *Enseignants efficaces*, Québec, Le jour éditeur, 1981.

Notes

1. Merci à Florence Cattiau-Tack de nous l'avoir communiqué.
2. Classe de M.-C. Erard, Puy-de-Dôme, qui pratique les ateliers de philosophie depuis deux ans.

L'importance du dispositif

*Alain Delsol,
instituteur, docteur en sciences de l'éducation
et chargé de cours à Montpellier 3.*

CET ARTICLE MONTRE L'ÉVOLUTION d'un dispositif de discussion philosophique à l'école primaire (enfants de CM1). Plusieurs étapes vont montrer les transformations du dispositif, jusqu'à un état qu'on pourrait qualifier de satisfaisant parce qu'il commence à répondre aux attentes fixées : arriver à ce que les élèves argumentent de façon interactive à propos de questions ayant un caractère philosophique ou éthique. Nous ne cherchons pas à faire de la philosophie avec les enfants, nous les sollicitons pour qu'ils réfléchissent et tentent de penser par eux-mêmes.

Dans un pays de tradition démocratique, les citoyens choisissent leurs représentants. Théoriquement, tout citoyen est capable de comprendre et de débattre sur la chose publique. Dans cette perspective, l'enfant est un citoyen en puissance. Mais suffit-il que l'enfant fréquente l'école pour qu'il devienne plus tard un citoyen ? La réponse paraît négative si on se fie à la recrudescence de l'intégrisme, du tribalisme et de l'incivisme. Par ailleurs, la société, en déchargeant son flot quotidien d'images et d'informations, anesthésie la réflexion bien plus qu'elle ne l'aide.

Ainsi, face à des problèmes nouveaux, la raison indiquerait qu'il faille trouver des solutions nouvelles, d'où cette innovation pédagogique : faire philosopher de jeunes enfants.

Les nouveaux programmes scolaires vont dans ce sens. Les directives en éducation civique sollicitent l'enseignant pour qu'il fasse découvrir aux jeunes enfants : ce « qu'est la citoyenneté dans un pays démocratique et quelles sont les valeurs essentielles de la République. [...] l'enfant doit apprendre à contrôler ses réactions et à réfléchir sur les contraintes qui paraissent brider sa liberté. » (p. 34)

La discussion philosophique à l'école m'a semblé répondre à cette nouvelle problématique car elle constitue un processus de socialisation démocratique. Autrement dit, une pratique pédagogique pour construire du lien social. En effet, le but d'une discussion philosophique est d'élaborer une recherche commune. Dans ce dessein, les élèves doivent établir des rapports avec autrui de telle manière que l'autre soit considéré comme un *alter ego*. L'élève peut donc en toute liberté manifester son accord ou son désaccord avec n'importe quel membre du groupe. On voit donc que la visée du processus de socialisation est d'encourager l'altérité du sujet tout en évitant son altération, c'est-à-dire tout mécanisme qui entraînerait le sujet à se projeter ou à se soumettre au pouvoir de l'autre. Il est donc nécessaire que les élèves participent à la discussion de la mise en place du dispositif. En effet, il faut qu'ils distinguent et prennent conscience les mécanismes de pouvoir et de contre-pouvoir mis en œuvre dans un dispositif.

D'un point de vue didactique, mon premier problème fut la réalisation pratique d'un atelier de discussion philosophique avec des enfants de CM1. Comment organiser la prise de parole, c'est-à-dire un espace rendant possible un dialogue entre enfants et adulte et enfants entre eux ? Mon intention était de développer l'écoute (celle des enfants et du maître) et d'accroître le respect de la parole d'autrui en évitant de brimer la personnalité de chacun. La mise en route de cet atelier se fit sur une année. La périodicité était hebdomadaire, les premières séances n'avaient pas un cadre précis. Chemin faisant, par retouches successives, le dispositif a peu à peu évolué. Pour analyser les ajustements de cet atelier, j'ai suivi trois fils rouges. Premièrement, l'organisation de l'espace m'a semblé constituer un outil intéressant pour repérer les échanges entre élèves. Deuxièmement, il m'a semblé qu'instituer des enfants dans des rôles favoriseraient leur capacité intellectuelle. Enfin, il m'a paru souhaitable de développer un ensemble de règles de communication pour apaiser les tensions affectives entre élèves.

L'évolution du dispositif

La mise en place

De septembre à octobre, l'atelier de philosophie se déroule dans la salle de bibliothèque de l'école. Trois élèves animateurs sont installés à une table. Tous les autres leur font face, assis sur des bancs placés en U. L'atelier dure environ une heure. L'enseignant institue les règles de l'atelier ainsi que les animateurs dans leur fonction. Il introduit brièvement le thème de la discussion, montre aux animateurs comment il faut s'y prendre pour être : président de séance, élève reformulateur ou élève synthétiseur.

L'élève président note sur un cahier le nom des élèves qui veulent parler, il

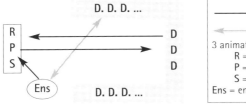 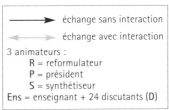

donne la parole et rappelle à l'ordre ceux qui gênent le déroulement de l'atelier. Dès que trois ou quatre élèves discutants se sont exprimés, il donne la parole au reformulateur. Celui-ci prend des notes sur un cahier et répète ce que les élèves ont dit en transposant en discours indirect [1]. L'élève synthétiseur utilise un cahier et donne un

---

1. Voir notes p. 78.

point de vue général par rapport à la question de départ, il essaie de relancer le questionnement. L'enseignant aide cet élève dans cette tâche difficile. Les discutants prennent la parole lors d'un tour de table. Ensuite, chacun demande la parole au président. L'enseignant leur tend un micro qui permet d'enregistrer et d'amplifier leur voix en la rendant audible pour le reste du groupe. Le micro agit comme un « bâton de parole », c'est-à-dire comme un symbole de pouvoir.

Les premières analyses sont un peu décevantes car il n'y a quasiment pas d'interaction entre élèves. Les discussions sont majoritairement des successions de dialogues entre l'enseignant et un seul élève à la fois. L'attention des élèves reste braquée sur les intentions du maître et ceux qui décrochent parasitent le groupe en s'agitant ou en s'amusant. Dans l'ensemble, on relève quelques définitions et bribes d'argumentations qui sont surtout le fruit des questions de l'enseignant (questions fermées [2]). Le tour de table entraîne beaucoup de répétitions. La discussion reste une juxtaposition d'opinions. Enfin, le rôle des animateurs paraît dégager un sentiment de tolérance envers la parole de chacun. Il semble que les élèves s'écoutent davantage.

Premières modifications

En novembre, l'atelier change de lieu, retour en classe et gain de temps pour discuter. L'espace des tables de classe forme un U, chacun peut se voir. En face des animateurs (président de séance, reformulateur et synthétiseur) on [3] installe une table pour ceux qui leur succéderont. Au centre, un élève s'occupe du micro. Ce sont les animateurs qui installent l'atelier. Il y a maintenant quatre élèves animateurs, quatre futurs animateurs et dix-neuf discutants.

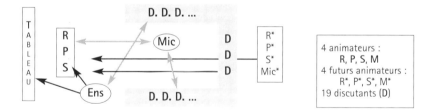

Il y a trois changements : le lieu, la diversification des rôles et la mise en retrait de l'enseignant. Les quatre futurs animateurs observent pendant deux séances les animateurs qu'ils remplaceront. Ils ne prennent pas la parole pendant la discussion. Ils notent par écrit ce que fait l'élève animateur qu'ils remplaceront. À l'issue de la séance, ils expliquent comment ils pensent qu'il faut faire pour être : président, reformulateur, synthétiseur ou technicien micro. Ils peuvent également donner des conseils à l'animateur qu'ils ont observé. L'élève micro s'occupe du magnétophone : mettre la cassette, la retirer, mise en marche, donner le micro... Il vérifie que le micro peut atteindre tout le monde. Il est au centre du dispositif tel un témoin de l'égalité de tous pour la prise de parole. Quand le président donne la parole aux discutants, il va vers le discutant, se replace au centre et quand celui-ci a fini, il donne le micro au président. L'enseignant intervient moins dans la discussion, il s'applique à relancer la discussion avec des questions ouvertes. En début d'atelier, il écrit au tableau le thème et, durant la discussion, il écrit les notions élaborées par les élèves. En fin de séance, il récapitule de façon synthétique ce qui a été dit.

L'analyse du fonctionnement du dispositif nous laisse encore dubitatifs. En effet, les échanges de parole entre discutants restent faibles, mais l'attention des élèves vers le maître s'atténue grâce aux rôles des élèves animateurs. Les définitions de concepts et les argumentations des élèves ne se font que lorsque l'enseignant intervient. Cependant, les élèves semblent s'accommoder de plus en plus aux exigences de ce type d'atelier : être plus clair lorsqu'on parle, plus grande écoute (un interlocuteur utilise les mots d'un autre), réaliser que sa parole est entendue, prise de conscience qu'il n'existe pas une bonne réponse mais des réponses possibles... Enfin, une éthique communicationnelle prend forme car elle est renforcée notamment par les explications des animateurs et futurs animateurs. Leurs remarques et analyses montrent comment il faut procéder pour être animateur. Enfin leur plaisir pour cet atelier est réel.

Derniers changements

L'espace de classe forme deux U : au centre des bancs pour une dizaine de discutants et autour d'eux des élèves observateurs de discutants les entourent. Le centre est toujours occupé par l'élève micro. Les animateurs sont devant les discutants et les observateurs de discutants.

Il y a deux nouveaux changements. Le premier concerne le rôle du président de séance : c'est lui qui rappelle les règles, ce n'est plus l'enseignant. Par ailleurs, le synthétiseur introduit le thème après l'avoir préparé avec l'enseignant[4]. La seconde modification concerne le rôle des élèves observateurs : ils écoutent les discutants. Ils peuvent intervenir au cours de la séance s'ils écrivent leurs questions qu'ils adressent soit à un élève soit au groupe. En fin de séance, ils font des remarques à l'élève qu'ils ont observé et lui posent une question éventuellement. Ils alternent leur rôle chaque semaine avec les discutants.

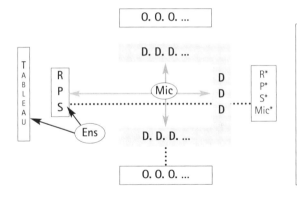
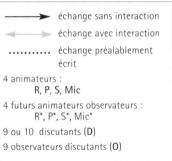

Lorsqu'on analyse les séances, on constate enfin des échanges entre discutants. Le groupe resserré à neuf ou dix élèves autorise davantage de prises de parole. La qualité des définitions et de l'argumentation devient effective, elle est aidée par la reformulation. Les élèves s'appuient sur le discours de leurs interlocuteurs pour infirmer ou confirmer telle ou telle thèse. Un espace de dialogue se dessine dans lequel les observateurs et les interventions du synthétiseur permettent d'investir de plus en plus le champ de la problématisation. Enfin une éthique communicationnelle apparaît, elle est ritualisée par une sanctuarisation de la parole. Nous constatons que dans le cadre de ces discussions, des élèves qui ne s'aiment pas dans le quotidien de la vie de classe mettent de côté leur différend lors de l'atelier. Ainsi, Anaïs qui déteste cordialement Paul sera capable de souligner une idée intéressante émise par cet élève, et ce genre d'anecdotes est fréquent.

Dispositif et évolution de la discussion

Apprentissage de l'écoute attentive

Lors de la première étape, l'élève fait l'expérience du sujet pensant. Nous avons vu que lors de la mise en place (septembre à octobre) les élèves assimilent les règles de l'atelier. Ils apprennent à s'exprimer devant les autres, à réfléchir avant de parler. Mais la discussion philosophique reste limitée à une suite de monologues juxtaposés. Cette étape est cependant importante car elle amène l'élève à se décentrer du désir du maître et à effectuer un retournement vers lui-même, sur son propre désir de comprendre et de savoir.

Après ces premières modifications (de novembre à février), les élèves apprennent l'exercice de l'écoute attentive qui est source de tout dialogue et de tout apprentissage. Ils tentent de conceptualiser, d'argumenter, d'exposer leur singularité et de la confronter au regard du groupe. Mais le nombre de discutants est trop grand pour permettre des échanges entre les élèves. Ils commencent à s'engager dans la discussion, mais chacun reste sur ses positions. Cependant, l'effort de mettre en œuvre une pensée rigoureuse suscite un travail de clarification et de distinction des différents sens d'une notion.

L'instauration d'un débat

Lors de la seconde étape (à partir de mars), le nombre de discutants (9 ou 10) autorise une plus grande fluidité de la parole. Chaque élève peut intervenir plusieurs fois et aller au bout de sa pensée. Il apprend à argumenter son accord ou son désaccord par rapport à une opinion. Un réel débat commence à s'instaurer. L'élève prend conscience de l'autre comme sujet. « Je » peux devenir « autre » parce que pour argumenter son accord ou désaccord avec ce qu'a dit Anaïs ou Paul, il faut bien que l'élève fasse sien le discours d'autrui, il faut donc qu'il altère sa pensée à celle d'Anaïs ou de Paul. Enfin, les questions des observateurs vont problématiser et stimuler la pensée réflexive, repoussant les limites de chacun pour sortir de ce qu'il

« croit être vrai ». Maintenant, la parole de l'autre devient un matériau pour construire des idées nouvelles et partageables.

Au cours de l'année, chaque élève aura fait l'expérience des différents rôles proposés par ce dispositif. L'expérience du président de séance est différente de celle du reformulateur ou de l'élève discutant. Le premier représente l'autorité, le deuxième se décentre et se concentre sur le discours des autres et le troisième expérimente le fait de penser. Ainsi, l'historique de la construction de ce dispositif souligne deux facteurs nécessaires. D'une part, le « philosopher avec les enfants » peut s'inscrire dans la construction d'un espace ; d'autre part, il faut une construction dans le temps, parce que les enfants ont également besoin de temps pour métaboliser la pensée réflexive : la leur et celle des autres.

Bibliographie

- G. BACHELARD, *La Formation de l'esprit scientifique*, Paris, Vrin, 1996.
- A. DELSOL, Un atelier de philosophie à l'école primaire, in *Diotime-L'AGORA* n° 8, Montpellier, CRDP, 2000.
- A. DELSOL, Le courant éducation à la citoyenneté, collectif sous la dir. de Michel TOZZI, *L'Éveil de la pensée réflexive à l'école primaire*, Paris, CNDP-Hachette Éducation, 2001.
- W. DOISE et G. MUGNY, *Le Développement social de l'intelligence*, Paris, Inter-Éditions, 1981.
- A. DE LA GARANDERIE, *Comprendre et imaginer : les gestes mentaux, et leur mise en œuvre*, Paris, Centurion, 1987.
- M. LIPMAN, *À l'école de la pensée*, Bruxelles, De Boeck Université, 1995.
- Ministère de l'Éducation nationale, *Programmes de l'école primaire*, Paris, CNDP, 2001.
- A.-N. PERRET-CLERMONT et M. NICOLET, *Interagir et connaître : enjeux et régulations sociales dans le développement cognitif*, Fribourg, DelVal, 1988.
- J. PIAGET, *La Prise de conscience*, Paris, PUF, 1974.
- M. TOZZI, *Penser par soi-même, initiation à la philosophie*, Lyon et Bruxelles, Chronique sociale et EVO formation, 1994.
- L. VYGOTSKI, *Pensée et Langage*, trad. Françoise Sève, Paris, Messidor-Éditions sociales, 1985.

NOTES

1. La reformulation induit implicitement cette transposition linguistique. Et le reformulateur l'assimile intuitivement parce qu'elle l'aide pour restituer ce que les autres ont dit.
2. En principe, une question fermée appelle une réponse univoque qui peut être soit oui ou non, soit un énoncé étroitement lié à la question. Par opposition, une question ouverte autorise un champ de réponse plus large.
3. Nous employons le pronom « on » pour souligner que les enfants sont impliqués en partie dans les transformations. En fin d'atelier, certains enfants font des remarques pour dire ce qui ne va pas et l'adulte fait des propositions.
4. Les thèmes sont choisis avec les animateurs soit à partir du livre d'éducation civique, soit à partir des poésies de La Fontaine.

L'atelier-philosophie Agsas :
une communauté de chercheurs-philosophes de la maternelle au collège [1]

Agnès Pautard,
enseignante à l'école primaire, Lyon.

CETTE PRATIQUE est née à Lyon en 1997 de la rencontre d'Agnès Pautard, enseignante menant une recherche-action sur la médiation en grande section de maternelle et Jacques Lévine, psychanalyste et fondateur de l'Association des groupes de soutien au soutien (AGSAS). Elle s'est enracinée dans le tissu enseignant grâce à Dominique Sénore, alors inspecteur de l'éducation nationale et formateur à l'IUFM [2].

Qu'est-ce qu'un atelier-philosophie Agsas ?

L'engagement de l'enseignant

L'enseignant qui choisit l'atelier-philosophie Agsas s'engage dans une pratique spécifique qui n'est pas un enseignement (ni programme ni évaluation), mais qui s'inscrit dans un courant qui serait celui des préalables à la pensée philosophique, et donc dans un travail réflexif qui est à la fois fait du renoncement à transmettre des savoirs, de l'adhésion à une place médiatrice en classe, en qualité d'« adulte, d'enseignant et de citoyen [3] », et de la capacité à changer son regard sur les élèves. L'enseignant est le garant du cadre.

Le protocole

Le protocole est rigoureux, quel que soit l'âge des enfants. Le dispositif fonctionne pour la classe (ou la moitié) chaque semaine, toute l'année, avec un magnétophone. Il est constitué de trois temps.

La première partie de 10 mn est enregistrée

L'enseignant conserve scrupuleusement le silence pendant que les enfants réfléchissent et parlent autour de la question du jour, qu'ils ont posée ou qui a été proposée [4]. Exemple de questions posées par des enfants : pourquoi le monde existe ?

1. Voir notes p. 83.

(Bob, 6 ans). Qu'est-ce c'est, la vie ? (Mona, 7 ans). Est-ce qu'on a parfois raison de mentir ? (Noé, 9 ans).

Le débat autour de la ré-écoute

Il permet au maître de guider les réactions, de faire prendre du recul : qui n'a pas parlé et pourquoi ? Ces deux idées sont-elles différentes ? Comment dire qu'on n'est pas d'accord ? Il n'y a pas de synthèse.

Analyse et formation

Il concerne les rencontres entre les enseignants et un animateur compétent, pour analyse et formation. Ce temps permet de faire le point sur les attentes, les réactions et les difficultés, la plus grande étant celle d'écouter !

Les effets

L'exigence porte sur l'identité, sur la parole vraie, respectueuse d'autrui, et sur un travail du sens, de la pensée, en amont du dire, jusqu'à la conceptualisation.

On observe que ce moment gratuit est investi spontanément par tous les enfants qui le vivent très sérieusement, même et surtout ceux qui sont en faible adhésion avec la classe et qui ont là une chance de gagner une reconnaissance et de la confiance. Ce n'est pas la qualité du contenu des réponses des enfants qui fait la spécificité de l'atelier-philosophie Agsas, mais une recherche commune qui produit un « philosopher » dans l'existence d'un cheminement pour tous.

Ainsi, la parole n'est pas bridée, toutes les réponses sont valables à ce moment-là. Ses effets naturels concernent directement :
- les élèves, dans le rapport au savoir (sérieux et rigoureux), la capacité à raisonner, à argumenter et à établir des liens entre des idées. Hors du champ d'intervention du maître, ils apprivoisent leurs appréhensions à communiquer avec le groupe et prennent l'habitude de s'adresser en leur nom propre, avec un maximum de clarté, ce qui façonne une compétence d'explication qui se révèle aussi dans l'écriture (carnets de réflexions personnelles, listes de nouvelles questions...) ;
- l'enseignant, dans la réflexion éthique sur sa pratique (la fonction de médiation, la place du long terme dans l'apprentissage de compétences transversales, le statut de l'élève, le statut de la parole et de l'écoute réciproque, du silence du maître...) ;
- indirectement, notre pratique touche la motivation, le rapport à tous les apprentissages abordés à l'école, la langue orale, la citoyenneté.

Les limites de l'atelier-philosophie Agsas

Elle n'est ni activité banale d'exercice de la pensée, ni séance de thérapie collective, ni lieu d'expression libre, ni forum thématique, ni atelier de langage, ni lieu de parole pour projets-cityonneté, ni recette pour classes difficiles. Elle peut côtoyer d'autres activités liées à la pensée.

Elle n'est pas « institutionnalisable » au sens où elle nécessite un réel engagement des maîtres, soutenus par une formation initiale et continue spécifique, centrée sur l'état d'esprit de cette pratique et la posture de l'enseignant [5].

Les principes fondateurs de l'atelier-philosophie Agsas

Questionnements en amont

Quelle nécessité aujourd'hui, à l'école, pour des élèves, de (se) penser, sur un mode « non scolaire », avec les autres, dans la confrontation à des énigmes ? Qu'est-ce que la philosophie peut apporter à la pédagogie, sans être une matière de plus ?

Concrètement, comment l'enseignant peut-il travailler avec des élèves s'il ne sait pas comment ils s'y prennent pour penser ? Devra-t-il s'affronter au risque de les voir autrement, avec leurs peurs et leur plaisir à penser la vie, la leur ? Comment permettre à tous ces élèves si différents d'« habiter l'acte d'apprendre » à leur rythme ? L'élève, lui, peut-il « s'inscrire à l'école » comme sujet et interlocuteur valable sans avoir conscience d'être, d'oser être, sans trouver sa place au sein du groupe, au sein d'une institution et plus largement au sein de la société ?

Les principes spécifiques

Penser requiert du temps

Penser tourne le dos à la violence de l'urgence ; penser relève d'une continuité, d'une mobilité dans le long terme et passe par différentes étapes qui vont de la transformation des émotions en mots, des mots en paroles et des paroles en concepts. « C'est parce qu'on a pensé qu'on peut débattre ; dans notre optique, le débat ne doit pas être présenté trop tôt, au risque d'empêcher la découverte très précieuse, par l'enfant, qu'il est lui-même source de pensée [6]. »

Penser concerne le sens de la vie pour soi, le questionnement sur les valeurs

Ensemble, tous humains et tous « petits d'hommes », nous pouvons amener notre pensée à maturité, pour refaire en profondeur les choix fondamentaux de la civilisation. Penser, c'est rêver et (se) poser des questions « sérieuses » qui évoluent dans la curiosité de la vie sans qu'un autre vous dise « c'est trop difficile pour toi, tu sauras plus tard ». « Avant de se poser des questions dans tel domaine scolaire, l'enfant a besoin de découvrir sa capacité à s'interroger sur la vie au-delà du scolaire, de se donner le droit à l'intelligence des situations [7]. »

Penser s'enrichit de la rencontre des autres

« L'enfant-sujet fait la précieuse expérience qu'il est à la source de sa pensée, en tant qu'interlocuteur valable, dans une communauté de pairs où chacun a sa place et où tous participent au questionnement commun ; un statut particulier est donné aux enfants : celui de co-penseurs, d'habitants de la terre engagés dans l'aventure humaine [8]. » Penser est aussi la nécessaire confrontation aux opinions, aux croyances...

Penser est lié à la liberté de s'exprimer, en dehors de toute pression

Le « bon élève » cherche l'assentiment du maître, l'élève en difficulté évite la honte due à son jugement ; dire n'est pas éloquence ou rhétorique.

Les fondements théoriques

Fruits des observations, hypothèses et analyses concernant des milieux scolaires variés, ils ont été établis dans le groupe de recherche initial tout au long d'une collaboration entre des enseignants-praticiens et le comité de pilotage.

« Nous définissons l'atelier-philosophie Agsas comme une expérience de la vie pensante, qui se construit en chacun par étapes ; et qui est faite d'une série de découvertes :

« – la découverte du *cogito* ;
« – la découverte de l'appartenance à une pensée groupale large et universelle ;
« – la découverte des étapes conditionnant la formation rigoureuse des concepts ;
« – la découverte du débat d'idées impliquant la prise en compte des ambiguïtés, du compatible et de l'incompatible, du lien entre le même et le contraire.

« Ce sont là des préalables indispensables à l'élaboration de la pensée philosophique, définie comme refus de l'inintelligible, défi à l'inintelligible et confiance dans la capacité d'intelligence [9] [...] »

Notre démarche consiste à proposer aux enfants l'expérience, cadrée, exigeante et rassurante à la fois, de la découverte du chemin qui va de la pensée réflexive à la pensée d'ordre général, argumentée et critique.

Elle s'appuie sur les questions des enfants, « brûlantes » questions universelles, qui deviennent enjeux pour le groupe à ce moment-là. En prenant en compte les enfants là où ils en sont, nous stimulons et déclenchons une dynamique interne de construction globale de l'être et de la pensée propre, à travers l'écoute interactive des autres et la sollicitation naturelle du discours explicite.

Les enjeux

L'atelier-philosophie Agsas pose un regard interrogateur, mais plein d'espoirs, sur les problèmes de l'école d'aujourd'hui, comme le rapport à l'écrit, le changement de statut de l'enseignant, le lien avec l'enseignement de la philosophie et le transfert de ce type de relation réflexive au savoir à la pédagogie en général.

NOTES

1. Appellation officielle du mouvement. Pour en savoir plus : revue de l'*Agsas, Je est un autre*, hors-série, février, 2001. Site : <www.marelle.org/users/philo>. – Contacts : <atelier-philo@libertysurf.fr>, <kochka@easynet.fr>, <dominique.senore@lyon.iufm.fr>.
2. Comité de pilotage : Lévine, Pautard, Sénore.
3. Hannah Arendt.
4. « Un signe admirable du fait que l'être humain trouve en soi la source de sa réflexion philosophique, ce sont les questions des enfants », Karl Jaspers in *Introduction à la philosophie*, Plon, 10/18, n° 269.
5. Le comité de pilotage, Annick Perrin et les personnes habilitées répondent à la demande de formation en IUFM ou ailleurs.
6. Revue de l'AGSAS, février 2001.
7. *Ibid.*
8. *Ibid.*
9. *Ibid.* Jacques Lévine.

Articuler l'oral et l'écrit dans une pratique philosophique au CE1

Nicole Boudou-Roux,
institutrice école élémentaire, Rodez.

Trop souvent axée sur la productivité et sur la performance, l'école offre rarement à l'élève la possibilité de manifester son potentiel véritable. En effet, victime d'une formation qui lui apprend surtout à diriger activement les apprentissages, l'enseignant a beaucoup de mal à instaurer des activités où sa non-intervention (ou intervention limitée) s'impose.

« En mettant en scène des thèmes moins anodins que ceux du livre de lecture [1] », en permettant à l'élève d'interagir avec ses pairs, en l'exposant véritablement au langage, la mise en place de l'atelier de philosophie conduit l'enseignant à s'interroger sur son rôle, ses pratiques professionnelles, à modifier ses approches afin de favoriser l'émergence des ressources pressenties chez l'élève.

Face à une telle expérience et à la nouveauté de ce rôle de médiateur, se sont posées à moi de multiples interrogations et une grande inquiétude qui, en m'ôtant cette superbe assurance, pétrie de plus de vingt ans d'habitudes professionnelles, ont pu me révéler une capacité, une qualité de réflexion que je ne soupçonnais pas chez l'enfant de sept ans.

En effet, ce nouveau regard porté sur l'élève est positif à plusieurs titres et pas seulement pour l'apprenant, lequel, conscient de ce changement d'écoute, de l'intérêt suscité par ses paroles, est amené à modifier son rapport au savoir. Autorisé à dire devant ses pairs, y compris l'enseignant, en qui il découvre un interlocuteur possible, l'élève va s'intéresser aux possibilités offertes par le langage pour y parvenir et, tout naturellement, le conduire à se poser des questions et à « parler vrai ».

Cette parole vraie, « celle qui s'enracine dans le désir et la subjectivité » doit être prise en compte à l'école. « Les échanges que nous souhaitons sont ceux qui procèdent de la parole où chaque sujet s'engage pour accéder à son autonomie grâce aux autres [2]. » Échanges facilitant aussi l'acte d'écriture, celui-ci étant à la fois communication et expression, mais aussi éducation de la pensée, l'écriture représentant ainsi un retour réflexif sur la parole. Ce va-et-vient permanent entre langue orale et langue écrite me semble particulièrement crucial. En effet, il paraît évident que vont réussir les élèves qui parviennent à prendre conscience d'une certaine forme de relation entre ces deux activités.

---
1. Voir notes p. 89.

Dispositif de l'atelier

L'atelier de philosophie est présenté comme un moment important dans l'emploi du temps, en conséquence une plage horaire hebdomadaire lui est consacrée.

La discussion dure 30 minutes, précédée d'une préparation écrite, sorte de mise en condition, d'échauffement à la réflexion et suivie d'un compte rendu écrit pour le journal de la classe. L'enseignante gère le temps et rappelle les règles des prises de parole avant chaque séance. Au cours du débat, son intervention s'efforce de rester la plus discrète possible afin de ne pas interférer dans le travail d'élaboration de la pensée des huit élèves volontaires (leurs camarades étant répartis dans d'autres ateliers dans le cadre d'un décloisonnement).

Les thèmes de la discussion peuvent être choisis par l'enseignant ou par les élèves, ceux-ci disposant d'une boîte à questions dans laquelle ils peuvent proposer les sujets qui les intéressent. Toutes les séances sont enregistrées au magnétophone. Les enfants se passent le micro et ont la possibilité d'auditionner les séances s'ils en font la demande.

Il semble important de solenniser l'ouverture de la séance. En effet, les enfants doivent faire l'expérience de la méditation, nécessaire à l'articulation de leur pensée, avant de prendre la parole, une parole pesée car intériorisée. Intériorisée d'abord par le travail d'écriture, après quoi l'élève prend place dans le cercle de la discussion et se prépare à celle-ci par un temps de travail, celui du silence actif, nécessaire à la parole réfléchie.

S'instaurent ensuite parmi les participants un grand respect de la parole et un climat d'écoute nécessaires au bon déroulement de la séance. Les élèves, s'ils le souhaitent, peuvent exposer leur point de vue, le propos étant de créer un réel conflit socio-cognitif, capable de leur permettre de construire des éléments de « réponse ».

En fin de séance, un écrit est produit individuellement. Il s'agit pour les deux journalistes volontaires de faire la synthèse de la discussion, pour les autres, de noter leurs réflexions sur le thème du débat. Ces productions écrites avant et après la discussion sont des indicateurs concernant le travail de réflexion de l'élève, la marque qu'il peut « penser sa pensée », elles témoignent d'une tentative d'argumentation, par l'emploi de connecteurs ou d'embrayeurs logiques et révèlent l'empreinte de l'autre. Elles constituent par ailleurs des références collectives.

Regard sur un élève [3]

Alexandre est un élève plutôt discret qui s'exprime correctement, toujours à bon escient et obtient de bons résultats dans toutes les disciplines.

1re phase d'écriture

Lors de la première séance, il tente de définir ce qu'est un ami « Un ami est plus qu'un copain et c'est comme si c'était ton voisin, tellement tu te sens près de lui. » Il argumente, il emploie un connecteur *et* (rarement utilisé à l'écrit par l'enfant au cycle II et fonctionnant comme un « organisateur textuel » d'après Schneuwly). On note l'intention de se faire comprendre avec la comparaison, ainsi que la volonté de partager la réflexion avec le lecteur par le tutoiement.

Discussion

Alexandre prend 9 fois la parole :

l.4 : Il donne une définition qui ne se trouve pas dans le premier jet d'écriture.

l.7 : Il approuve Sylvain, il est entré dans la discussion et accepte la contradiction.

l.17 : Il s'adresse directement à son camarade en le nommant : « J'ai une question à poser à Sylvain. » Il demande une clarification, des précisions ou peut-être donne-t-il un contre-exemple ? « Je te suis pas souvent beaucoup… » À savoir : on peut être copains et ne pas être toujours ensemble.

l.40 : Il tente de préciser le concept d'amitié.

l.44 : « Oui. » Alexandre a répondu à une question fermée.

l.72 : Il répond à une question avec un exemple.

l.113 : Il précise le concept d'amitié.

l.116 : Son argumentation suscite des réactions parmi ses camarades.

2e phase d'écriture

Alexandre a écrit trois phrases ponctuées suivant les trois réflexions essentielles.

Il reprend d'abord les paroles d'un camarade (« un ami c'est quelqu'un qui peut être dans une autre école ou dans la même »), ensuite les siennes avec emploi du connecteur *et* (« et aussi c'est plus qu'un copain »).

Il reprend la thèse qu'il avait répétée pendant la discussion (« il te suit souvent ») et celle de Léa (« et tu l'invites chez toi »). Il intègre celle de Fabien (« tu peux avoir un ami quand tu es petit ou grand ») et enfin la notion de jeu émise par plusieurs enfants à maintes reprises.

La deuxième phase d'écriture montre bien qu'au CE1, une activité complexe comme la production d'écrit peut être étayée par la parole.

L'atelier philosophique : un apport incontestable pour la classe

Parce que la forme est contraignante,
l'idée jaillit plus intense
Beaudelaire.

C'est un moment sérieux qui autorise la mise en pratique de la philosophie, moment de production, au cours duquel il n'est nullement question d'enseigner la philosophie mais d'abord d'apprendre qu'on peut apprendre à penser par soi-même. C'est aussi un moment privilégié où l'élève manifeste son plaisir à participer à une activité qu'il appréhende différemment des autres. Ce peut être parfois un moment d'émotion comme celui-ci, imprévisible car, alors que la discussion semble s'enliser, les enfants la font rebondir.

(Cf. *À quoi sert l'argent ?* extrait de mon mémoire de maîtrise, juin 2001).
186 – Marie : Les choses chères, tu peux pas les acheter…
187 – Sylvain : Le vent.
188 – Marie : Oh ! le vent ?
189 – Victoria : Le vent ?
190 – Alexandre : Ah ! ça c'est pas une mauvaise idée, le vent. Le bonheur, le bonheur…
191 – Enseignante : Le bonheur, ça ne peut pas s'acheter.
192 – Sylvain : La lumière.
193 – Victoria : La lumière ?, la lumière ça se paye, hein ! Comme Tony dans son terrain et bien il paye la lumière, hein ! Il paye la lumière mais il y a pas d'eau dedans et il vient la chercher dans les truches… là qui a… y a un machin là… et bien il vient chercher de l'eau.
194 – Enseignante : Mais lui je crois… tu parlais de cette lumière, toi là ? Celle-là, elle s'achète !
195 – Alexandre : Avec l'argent, tu peux pas acheter l'argent aussi ?
196 – Sylvain : Si, si, si… Tu vas à la banque et tu donnes de l'argent pour avoir de l'argent…
197 – Enseignante : Attends, attends… Alors, il y a plein d'autres choses qui ont été dites là… Alors, on a dit qu'on ne pouvait pas acheter, le bonheur, il a dit… J'ai entendu quelqu'un qui disait le soleil, j'ai entendu quelqu'un qui disait le vent… Alors c'est Sylvain…
198 – Marie : On ne peut pas acheter, euh… une vie… qui est bien… qui est gaie, on ne peut pas !
199 – Enseignante : On ne peut pas acheter une vie qui est bien et qui est gaie !
200 – Fabien : Ah oui, je sais ce qu'elle voulait dire, qui a personne qui meurt !
201 – Sylvain : Non, je sais ce qu'elle voulait dire… elle voulait dire que, la maman elle a pas encore d'enfant et elle s'est dit, j'aimerais bien que ma vie elle soit belle, pour pas engueuler trop souvent ses enfants et tout…
202 – Marie : Ah ben oui, ça c'est vrai ! C'est ce que je voulais dire.
203 – Alexandre : Tu peux pas acheter l'Univers ou le Monde…
204 – Sylvain : Ouais, mais comme ça s'est fait au fait, la Terre ?
205 – Enseignante : Ah ça, ce sera une autre discussion !
206 – Sylvain : Tu ne peux quand même pas acheter la pluie et les nuages ?
207 – Enseignante : La pluie et les nuages ! Donc, là on vient de voir effectivement, avec l'argent, on ne peut pas tout acheter, il y a des choses qui ne s'achètent pas !

À l'issue de la séance, il apparaît bien que, loin de pouvoir se clore, l'atelier de philosophie s'ouvre sur une foule de richesses. Les nombreuses interrogations (204, 206) et/ou expressions de surprise (188, 189) mais aussi d'auto-étonnement (198), la verbalisation joyeuse (200, 201, 202) témoignent d'un authentique désir chez l'enfant d'aborder des sujets « sérieux », de son aptitude réelle à les traiter dans le plus grand respect de la parole de l'autre (190, 202), se déclarant ainsi partie prenante du projet humain.

C'est bien là ce qui donne à la pratique philosophique sa valeur la plus haute, «c'est l'occasion de valider la recherche de l'élève et d'inscrire l'activité scolaire dans une autre échelle, celle de l'hominisation où chacun prend conscience qu'il participe à une aventure [...] et l'institue en tant qu'humain parmi les humains[4].»

NOTES

1. D. WEIL, Pratiques, aspect subjectif de la parole à l'école, in *Et l'oral, alors?* Paris, Nathan-INRP, 1985, p. 69.
2. C. BRUNNER, *ibid.*
3. D'après *Qu'est-ce qu'un ami?* extrait de mon mémoire de maîtrise de sciences de l'éducation, juin 2001.
4. J. BERNARDIN, in *Cahiers pédagogiques* n° 367-368, 1998, p. 51.

Travail sur les arguments

*Michelle Héricourt,
institutrice école primaire, Saâcy-sur-Marne.*

UNE ÉCOLE RURALE FRANÇAISE où treize élèves de CM2 (dix ans) qui iront au collège l'an prochain côtoient cinq élèves de CP (sept ans) qui apprennent à lire. Nous profitons des moments de la semaine où les CP sont en bibliothèque ou à la piscine avec un collègue pour aborder, entre « grands » et en groupe restreint, quelques sujets de réflexion à partir de lectures ou d'événements.

Depuis trois semaines, nous nous sommes familiarisés avec quelques fables de La Fontaine : explication des termes, résumé oral ou écrit, reformulation de la morale, illustration… Nous allons maintenant tenter d'analyser plus profondément les deux personnages de *La Cigale et la Fourmi*, échanger des opinions, parfois prendre parti, défendre et donc nécessairement chercher l'argumentation pour les soutenir ; puis reprendre tous les problèmes soulevés par la confrontation des idées pour les intérioriser et se positionner personnellement. Il s'agit donc, par le biais d'un support habituel, de passer à une forme d'activité nouvelle pour l'école primaire, en ce qu'elle interroge chacun sur des questions de sens, de valeurs… La chronologie des étapes du travail est organisée pour progressivement parvenir à ce résultat abstrait, selon des modalités accessibles concrètement aux élèves.

Comparer deux attitudes et exprimer une opinion

Le but de cette étape est uniquement de laisser un temps à chaque élève pour avoir une première réflexion personnelle sur cette histoire, analyser au premier degré les personnages et exprimer une opinion. C'est une étape nécessaire pour la suite.

Travail d'expression écrite

Sujet : « Vous chantiez ? J'en suis fort aise ! Eh bien, dansez maintenant ! »

« – Qu'en penses-tu ?

« – Dans une première partie, tu diras ce que tu penses de la cigale. Dans une deuxième partie, tu diras ce que tu penses de la fourmi. Enfin, tu expliqueras ce que tu penses de la fin de l'histoire. »

Le travail est individuel, le texte n'est lu que par l'enseignante qui se limite, dans la correction, au travail d'expression écrite : fautes de langage, souligner les contradictions, demander la reformulation d'un passage peu clair.

Il en ressort que la plupart des élèves approuvent la fourmi et fustigent la cigale. Un bon tiers trouve des circonstances atténuantes à chacune. Un seul enfant s'affirme complètement d'accord avec la cigale. Quelques solutions sont proposées pour changer la fin de l'histoire.

Se confronter à un point de vue différent du sien et devoir argumenter

Les enfants vont devoir cette fois se confronter, écouter les autres interlocuteurs et trouver de nouveaux arguments ; donc approfondir l'idée qu'ils avaient eue au départ et l'exprimer clairement pour être compris et devenir convaincants.

C'est la simulation d'un débat télévisé. Deux volontaires vont défendre la fourmi. Deux volontaires vont défendre la cigale. Un enfant sera l'animateur du débat : son rôle consistera à donner la parole. Les autres enfants ne pourront intervenir qu'en demandant la parole. L'enseignante, au fond de la classe, n'intervient pas mais prend des notes. Parmi les deux défenseurs de chaque partie, l'un s'était déjà engagé dans ce sens lors de son expression écrite, l'autre avait été plus mitigé.

Tout d'abord, il est demandé à chacun de s'exprimer tour à tour. Puis le débat commence, l'enfant animateur est vite dépassé par l'enthousiasme de ses camarades. Les autres enfants s'expriment quand ils réussissent à avoir la parole. Les premières idées avancées reprennent celles exprimées par écrit mais très vite, l'adversité pousse à trouver d'autres arguments (répertoriés ci-dessous), à aller plus loin dans l'expression de sa pensée, ce qui enrichit l'échange.

Idées échangées lors du débat :

– La cigale doit profiter de la vie. Il faut profiter de la vie.
– La cigale n'a pas le temps de faire des provisions car elle chante. C'est son travail de chanter. La fourmi ne peut pas chanter. Elle ne fait pas la même chose que la cigale.
– Mais la fourmi souffre dans son travail, elle sue, elle transpire. Est-ce que la cigale « s'éclate » en chantant ? Est-ce que ça la fatigue ?
– La cigale est une paresseuse. Elle « se la coule douce ».
– Quand on travaille, on a de l'argent. Et quand on a de l'argent, on peut s'acheter des choses (seul moment où il y a comparaison avec le genre humain). En chantant, la cigale ne rapporte rien. À quoi ça lui sert de chanter ? Ça lui a peut-être fait du bien.
– La cigale aurait pu ramasser trois grains par jour. Ça ne l'aurait pas tuée et elle aurait eu de quoi manger. Elle aurait pu chanter en travaillant, ne pas passer tout l'été à chanter.
– La fourmi aurait pu lui donner un peu ; c'est le geste qui compte. Mais la cigale serait venue lui demander tous les jours. La fourmi serait morte aussi.
– Ça lui servira de leçon pour la prochaine fois. Mais il n'y aura pas de prochaine fois puisqu'elle sera morte.

Pour terminer la séance, chacun des quatre « avocats » est invité à dire une phrase de conclusion. Celle-ci n'apporte rien de plus à l'échange mais elle formalise la fin du débat.

Cerner et classer les arguments utilisés

Cette séance a pour but de permettre aux élèves, par un travail de mémoire et de classement, de clarifier les idées énoncées précédemment. Les enfants pourront ainsi mieux les appréhender, les peser et peut-être se les approprier. Elle se situe le lendemain de la précédente car le débat est encore dans tous les esprits.

Un temps est laissé par groupes de deux, avec la consigne d'essayer de retrouver tous les arguments qui ont été dits en faveur de la cigale et tous ceux en faveur de la fourmi. Ceci sera présenté dans un tableau à deux colonnes.

Puis une synthèse collective est faite au tableau.

POUR LA FOURMI	POUR LA CIGALE
– ça n'aurait pas tué la cigale de travailler un peu – la fourmi s'est épuisée mais pas la cigale – chanter, ce n'est pas un métier – ce n'est pas poli de réclamer – la cigale est une paresseuse – elle aurait pu suivre l'exemple de la fourmi – ça ne rapporte pas de chanter – c'est son seul défaut	– la cigale a promis de rembourser – c'est de la méchanceté de la part de la fourmi ; elle n'est ni amicale, ni prêteuse. C'est le geste qui compte. – une fourmi est incapable de chanter – refuser, c'est condamner la cigale à mort – chanter, c'est un travail comme un autre

Il ressort une certaine difficulté pour cerner la notion d'argument. Il faudra donc prévoir des séances spécifiques, à partir d'autres supports (dialogues de théâtre, discours) pour affiner cette notion qui devrait rendre les enfants plus efficaces dans une discussion en trouvant des arguments de meilleure qualité.

Se détacher du support de la fable pour poser un regard sur soi-même

Cette étape se déroule quelques jours plus tard pour permettre au temps de faire son travail de maturation. Elle implique les élèves individuellement, les oblige à formuler une réponse personnelle aux questions soulevées lors des séances précédentes.

Je propose aux élèves un questionnaire individuel, en profondeur, que j'ai élaboré en fonction des idées émises lors de la deuxième étape.

Qu'en penses-tu ?

1. Est-ce que chanter représente un travail pour la cigale ?
2. Penses-tu que l'une des deux est plus heureuse que l'autre ?
3. Ont-elles choisi elles-mêmes leur activité ? Ou bien celle-ci leur est-elle imposée, et par qui ?
4. La fourmi est récompensée de ses efforts. Et la cigale, a-t-elle sa récompense ?
5. Et toi, quel métier choisiras-tu ? Pour quelle raison ?
6. Serais-tu plutôt cigale ou plutôt fourmi ?
7. *1er cas* : La fourmi a fait beaucoup de provisions. Elle a assez pour les deux. Doit-elle partager ? Pourquoi ?
8. *2e cas* : La fourmi n'est pas sûre d'avoir assez pour les deux. La cigale vient lui demander à manger chaque jour. La fourmi doit-elle prendre le risque, sachant que si elle refuse, la cigale mourra ?
9. Quelle solution la cigale a-t-elle maintenant puisque la fourmi a refusé ?
10. Sais-tu quelles solutions existent pour les gens qui sont comme la cigale ? Qu'en penses-tu ?

Je lis les réponses, question par question, à toute la classe, mais dans l'anonymat. Ceci pour que les élèves puissent bénéficier de l'opinion de leurs camarades mais sans relancer le débat. Il apparaît que, majoritairement, les enfants approuvent encore la fourmi mais, dans l'ensemble, pèsent davantage le pour et le contre des deux situations que lors de leur premier jet. Leur choix de profession est souvent justifié par « j'aime ça », le plaisir de l'activité. Mais aussi par l'utilité sociale, et deux fois par le salaire.

La plupart se reconnaissent dans la fourmi, quelques-uns dans les deux. Cette question-là me sera renvoyée : « Et vous, madame ? » Je ne me suis pas dérobée.

Quant à la dernière question, il ressort que les enfants ne savent pas quelles solutions la société d'aujourd'hui propose. Jamais les élèves n'ont fait allusion à des situations économiques précises. Le lien avec le programme d'éducation civique devra donc être fait.

Quelques éléments de bilan

Ce thème a permis d'aborder entre autres :
– les choix de vie ;
– la nécessité du travail, les souffrances et les joies qu'il procure ;
– les conséquences de ses choix et de ses jugements ;
– le rapport travail-argent ;
– l'identité de chacun et ses talents personnels.

Ces questions pourront être reprises sous une autre forme dans quelques mois, quand le temps aura travaillé l'esprit des élèves et que des thèmes proches (solidarité, partage, en histoire ou éducation civique) auront été étudiés.

Ce travail n'est encore qu'une étape, dans une scolarité destinée à conduire les élèves à prendre du recul par rapport à des personnages fictifs ou réels, à analyser pour se faire une opinion personnelle reposant sur une argumentation solide. La démarche d'argumentation devra encore se travailler pour devenir plus spontanée et consciente, notamment en interpellant les élèves sur leur dire, en les obligeant régulièrement à préciser leur pensée, à un niveau toujours plus général, voire avec des arguments universels, quitte à les provoquer parfois pour les faire réagir. C'est ce type de démarche qui permettra progressivement aux élèves de poser un regard critique et ouvert sur le monde mais aussi sur eux-mêmes, et qui les aidera à faire des choix.

Il est toujours difficile, lorsqu'on travaille des compétences transversales, d'évaluer immédiatement la progression des enfants. Il apparaît tout de même globalement une plus grande liberté d'expression au sein de la classe, voire, par moments, une complicité et, à la suite du questionnaire, déjà, une évolution de la pensée vers une plus grande tolérance et la construction d'une échelle de valeurs propres face aux choix que l'homme fait dans sa vie. On a donc, par le biais d'un support traditionnellement utilisé en français, dépassé le travail de compréhension d'un texte ou d'appréciation de son contenu, pour engager un processus réflexif qui implique, au-delà de l'élève, l'enfant, le futur homme en charge de donner progressivement sens à sa vie, d'établir les repères objectifs pour guider son action…

Le débat à visée philosophique au service d'un projet de lecture en RASED

Sophie Chartier,
professeur des écoles.

EN FRANCE, les élèves de l'école primaire en difficulté scolaire peuvent bénéficier d'une prise en charge par des professeurs spécialisés. Ceux-ci interviennent dans le cadre d'un réseau spécialisé (réseau d'aides spécialisées aux élèves en difficulté : Rased).

Enseigner en Rased, c'est évoluer auprès d'élèves ayant des difficultés, notamment en lecture ou en mathématiques. Il s'agit pour moi, enseignante spécialisée, de faire prendre conscience aux élèves de leurs processus cognitifs, d'être capable d'expliquer leurs démarches afin de les aider à entrer dans les apprentissages fondamentaux.

Philosopher avec des élèves en difficulté

Je m'étais posée la question de savoir comment aider des élèves suivis en Rased, pour des difficultés importantes en lecture. La philosophie m'est apparue comme un excellent moyen de captiver les élèves. Mais la philosophie pour enfants pouvait paraître difficile à investir en Rased. Discuter, s'interroger, écouter, apprendre à découvrir l'autre sont autant de compétences transversales, mises en œuvre dans cette activité réflexive. Or, ces élèves ne savent pas se détacher du concret. Je décide donc de partir d'une situation fictive mais proche du vécu des élèves et de développer ainsi des moments de parole. S'exprimer, donner son avis, se justifier : autant de compétences transversales peu mises en valeur dans notre système scolaire.

J'ai donc présenté aux élèves de mon groupe, n'ayant pas acquis les compétences de base en lecture aux évaluations CE2, un dilemme moral sur le thème de la différence et du racisme (réf. J.-C. Pettier, *La Philosophie pour tous à l'école*, éd. ESF, 2002).

« Sous le sceau du secret, Jeanne se confie à son amie Lara. Elles se disputent souvent car Jeanne semble *a priori* rejeter les étrangers. Pourtant Lara a l'impression qu'elle évolue, que sa position devient plus tolérante. Un jour, Jeanne lui avoue avec regret qu'elle a participé, avant de la connaître, à une agression raciste, en faisant le guet pendant que d'autres tapaient un immigré. Par chance, celui-ci n'est que blessé, mais la police depuis recherche des témoins. Lara est horrifiée, sans savoir que faire : doit-elle aller dénoncer son amie ? »

Dispositif

J'ai mis en place un dispositif particulier, afin de mettre en évidence la spécificité du procédé « débat ». L'aménagement de l'espace classe est modifié, nous nous réunissons autour d'une table ronde afin de faciliter les échanges entre les élèves. Nos échanges devront se limiter à 45 minutes, en comptant qu'il nous faudra faire la synthèse en fin de débat. J'explique certaines règles fondamentales inhérentes à une pratique d'oral :

– obligation de solliciter la parole avant de s'exprimer ;
– priorité de parole à celui qui ne s'est pas encore exprimé ;
– parler en son nom, dire « je » ;
– ne pas se moquer de l'autre ;
– parler correctement et respectueusement.

Avant de lire le texte du dilemme, j'explique chaque règle dans le but de faire comprendre l'importance de son respect. L'objectif de ce premier débat est d'arriver à donner une définition du mot « race » et de tenter de cerner les fondements d'un acte raciste.

Le débat

Le débat fut centré sur la recherche des divers éléments amenant à la différence entre les hommes et donc à des situations d'exclusion. Des éléments tels que la couleur de la peau, la langue, la religion, l'origine sociale ou bien encore l'aspect physique.

En fin de séance, le groupe parvient à la conclusion que l'on ne peut pas laisser cet acte raciste impuni et que Jeanne doit se dénoncer. Ainsi, les propos s'orientent vers la recherche d'arguments permettant d'expliquer à Jeanne la richesse de la différence et donc l'intérêt d'aller elle-même voir la police.

À la suite de cette conclusion, je propose aux élèves d'élargir notre point de vue, en recherchant sur divers supports d'autres indicateurs de l'hétérogénéité des êtres humains. Notre problème était de connaître tous les éléments de différence entre les hommes et leurs conséquences et de rechercher ce qui pourrait justifier un acte raciste.

Le projet de lecture

S'organise alors une enquête en BCD, sur dictionnaires et sur albums. En parallèle, je leur amène l'album *Six milliards de visages*. Cet album tente d'expliquer aux enfants les multiples facettes de la différence entre hommes. Cela passe par l'aspect physique, la langue, l'écriture, les jeux ou bien encore les habitations ou vêtements. Tout cela dans l'optique de montrer la richesse qui naît de ces différences. Nous l'avons utilisé comme support de lecture, dans le but de collecter des indices supplémentaires. Cela nous a permis notamment de fabriquer une affiche sur les diverses habitations et fêtes.

L'étude de ce texte va engendrer une nouvelle discussion centrée sur la richesse de chaque individu. Les deux doubles pages finales exposent ce que serait le monde si tous les individus étaient identiques en opposition avec le monde actuel. C'est-à-dire mettre en évidence les aspects positifs ou négatifs d'une part de vivre sur une planète où prédomine la similitude totale entre les individus, et d'autre part sur une planète où pas un homme n'est identique à son voisin. Je propose au groupe d'établir la liste des différences entre chacun de ces mondes. Nous arrivons alors à l'élaboration d'un catalogue d'idées mettant en avant des concepts comme la liberté ou la tolérance. Bien sûr, nous n'arrivons qu'à une ébauche du concept de liberté. Une élève fera un parallèle avec la notion d'esclavage. La similitude des individus étant pour elle synonyme d'esclavage et donc d'absence totale de liberté. Nous aborderons aussi le concept de tolérance, l'acceptation de l'autre dans ce qui fait son individualité. Nous parlerons ainsi du handicap et des difficultés liées à l'intégration, notamment à l'école.

Notre échange s'oriente alors vers la recherche d'un support permettant de faire part de l'étendue de notre travail aux autres élèves de la classe. Nous nous mettons d'accord sur la fabrication d'une carte du monde sur une grande affiche, permettant de mettre en avant quelques éléments des différences entre les êtres humains. Nos efforts s'orientent alors vers la quête de documents afin de remplir l'intérieur de chacun des continents de photos, images, mots symbolisant chaque partie du monde.

Ainsi, après avoir utilisé les dictionnaires ou des images recueillies dans des publicités, nous faisons découvrir aux autres élèves de la classe notre carte du monde de la différence. Elle est composée d'images d'hommes, d'animaux, de paysages, de monuments multiples ainsi que d'une liste de pays ou de drapeaux. L'affichage de notre carte a permis des échanges entre les élèves (classe et groupe Rased). Ceux du groupe expliquant aux autres les images choisies, les noms des animaux ou la localisation des monuments. Ainsi, cette carte a été un moyen de communiquer avec la classe entière. Pour une fois, les élèves en difficulté ont été mis au premier plan.

L'apport du débat à visée philosophique

En fait, en partant d'un dilemme moral, ces élèves de CE2 ont travaillé durant six semaines sur des compétences touchant l'expression orale, écrite, la lecture et utilisant de nombreuses compétences transversales. Des progrès furent observés dans la mémorisation d'un capital de mots issu de l'album étudié. Je pense que l'investissement du groupe dans les différentes activités proposées a été à l'origine de ces progrès. Chacun a réussi à trouver sa place et à tirer un bénéfice des supports et activités proposés. De même, les échanges oraux ont permis aux élèves de s'écouter davantage, d'apprendre à argumenter ou à justifier son opinion.

Le débat à visée philosophique a permis aux élèves de réfléchir sur certains concepts et sur la manière de transmettre le fruit de leurs réflexions. Cette entrée a été un moyen de leur faire prendre conscience de leurs processus métacognitifs et de les faire réfléchir sur leurs arguments. Cette réflexion a permis d'expliciter plus aisément leurs démarches, leurs difficultés ou leurs réussites. Ainsi, ces activités réflexives ont aidé les élèves à entrer dans le projet et plus spécifiquement dans la lecture. Les compétences transversales ainsi développées ont permis le transfert vers les apprentissages dits fondamentaux.

Ce type de projet articulant travail des compétences disciplinaires, des compétences transversales et philosophie a le mérite de mettre en exergue des compétences essentielles pour leur future vie d'adulte : l'écoute, l'argumentation, la tolérance ou l'ouverture d'esprit. Ici, le débat «à visée philosophique» est au service des compétences traditionnellement travaillées à l'école. Cela n'empêche pas qu'il puisse, à d'autres occasions, être travaillé pour lui-même.

Primaire-terminale : une rencontre philosophique

*Françoise Carraud, Olivier Jeunet,
instituteurs animateurs ZEP, Chalon-sur-Saône
Dominique Chauvet,
institutrice, Chalon-sur-Saône,
Thomas Duval, Bruno Jay,
professeurs de philosophie, Le Creusot.*

Françoise Carraud

Depuis quelques années, j'organise des discussions philosophiques dans différentes classes des écoles primaires de la ZEP de Chalon-sur-Saône (maternelle, CLIS, CE2). En septembre 2001, un CM1 décide de se lancer dans l'aventure.

Avant de commencer les débats, j'explique aux élèves ce que va être ce travail de discussion philosophique : je parle de la pensée qui se développe et qui s'exerce aussi par le débat. Penser, c'est s'exercer à le faire ; penser s'apprend, s'apprend seul et aussi avec les autres. Le groupe est essentiel, le dispositif aussi : ce n'est pas une simple discussion, la circulation de la parole est réglée, régulée, protégée même. La pensée comme la parole de chacun est importante, son expression doit être garantie : il est interdit de se moquer. Mais le désaccord est aussi essentiel : le droit d'être d'accord avec son ennemi et celui de ne pas être d'accord avec son copain, le droit d'hésiter, de se tromper, de changer d'avis. La nécessité de chercher, de se questionner et de justifier, d'argumenter. Je parle de la philosophie et de ses questions : des questions aussi importantes que les réponses, des questions qui font chercher, réfléchir les enfants comme les adultes, des questions dont on ne peut trouver de réponses simples même dans les livres. Je parle encore de la classe de terminale, celle où l'on commence à « faire » de la philo. D'ailleurs, en juin 2001, les élèves de CE2 qui avaient découvert les discussions philosophiques au long de l'année se sont intéressés au bac, ils ont entendu (et retenu) les sujets à la radio, à la télé, nous en avons un peu parlé.

La mise en place de la rencontre

Des élèves de l'école primaire qui font de la philo, voilà qui peut intéresser des enseignants de terminale : mais que font-ils exactement, comment s'y prennent-ils ?

Peuvent-ils philosopher sans connaissance, sans auteurs, sans bagages...? Quel sens cela a-t-il? Deux professeurs de philosophie regardent les cassettes montrant les élèves de primaire à l'œuvre : et si l'on essayait de travailler ensemble, les profs pourraient venir dans la classe... Aussitôt l'on s'interroge : pour quoi, pour qui ? Pour apporter un peu plus de philosophie, accorder le regard, l'écoute, l'attention... de professionnels de la philo, voire l'estampillage de « vrais » philosophes ? Nous décidons plutôt de faire échanger les élèves entre eux mais les questions fusent encore : comment pourront-ils se parler, échanger véritablement ? Et toujours, pourquoi le feraient-ils ?

Pour les élèves de primaire il s'agirait :

– de leur donner confiance en leur propre capacité à penser, de donner sens et prix à cette pensée qui s'expérimente, qui se hasarde en échangeant avec d'autres plus avancés ; la rencontre avec des élèves plus âgés, plus savants le permettra-t-elle ? ;

– de donner davantage de sens à cette activité de débat philo et de les aider à approfondir leurs réflexions : d'autres élèves peuvent s'intéresser aux mêmes questions qu'eux, des élèves qui étudient cette discipline, qui en approfondissent les idées et les auteurs ; avec dix ans d'écart en moyenne, des trajectoires scolaires et sociales très différentes, vont-ils pouvoir se parler, s'entendre, discuter, s'expliquer, penser ensemble ? ;

– de les aider à situer l'ensemble de leurs apprentissages dans une durée (la durée d'une scolarité qui est aussi celle de l'enfance) : ils pourraient mieux se représenter le lycée, le bac que beaucoup de nos élèves de ZEP ne rencontrent pas, en avoir une appréhension plus concrète.

Pour les élèves de terminale il s'agirait :

– de les aider à donner sens à leurs apprentissages en renouant peut-être avec leurs anciens questionnements de l'enfance ; la philosophie n'est pas qu'une discipline scolaire, une matière à examen, elle est d'abord une manière de questionner le monde pour tenter de vivre mieux ; mais, préoccupés par leurs notes au bac, vont-ils s'intéresser à ce projet ? Et quels liens sont possibles entre les questions des plus jeunes, leurs propres interrogations et le programme qu'il ne s'agit pas d'oublier ? ;

– de les aider à mieux philosopher en ayant à le faire avec des plus jeunes : problématiser, conceptualiser, argumenter de manière à la fois forte, précise et suffisamment simple, compréhensible pour un enfant d'une dizaine d'années ; pourront-ils garder les exigences philosophiques (sans oublier le rapport aux œuvres et aux auteurs) alors qu'ils découvrent cette discipline ? Vont-ils pouvoir entendre les réflexions des plus jeunes et accepter d'échanger avec eux, ne vont-ils pas seulement vouloir répondre à leurs questions, leur expliquer, leur dire ce qu'il faut penser ?

Octobre

– Introduction des débats philo dans la classe de CM1.
– Présentation du projet de correspondance philo.
– Élaboration collective des questions dont ils souhaitent parler lors des débats.
– Transmission de ces questions aux élèves de terminale.
– Présentation du projet aux élèves de terminale.
– Choix de six questions par les élèves de terminale.

Novembre décembre

– Travail sur les questions en parallèle.
– CM1 : réflexion individuelle, discussion par trois avec l'aide d'un adulte (formulation de nouvelles questions), mini débats sur chaque question avec la classe entière.
– Terminales : réflexion individuelle, constitution de groupes de trois, travail volontaire en dehors du cours, proposition de temps de travail avec les enseignants de philo en dehors du cours.

Décembre

– Intervention des institutrices dans la classe de terminale (deux heures) pour apporter l'état des réflexions des élèves de primaire (visionnement de débats enregistrés, lecture de comptes rendus écrits des différentes phases du travail, échanges et discussion).

Janvier

– Rencontre : deux heures (une heure de travail par petits groupes + une heure pour la mise en commun les deux classes ensemble).
– Par groupes de six (trois CM1 et trois terminales) ayant travaillé la même question : se présenter, se lire les idées et questions déjà trouvées auparavant, chercher et écrire les définitions de mots importants, exposer et expliquer une ou des idées d'un philosophe sur cette question (les terminales pour les CM1), trouver une idée importante (avec des arguments pour et des arguments contre), préparer la mise en commun (tous les élèves du groupe doivent parler un peu).
– Bilans individuels écrits et collectifs oraux dans chacune des classes.

Février

– Préparation de la suite de l'échange (par vidéo) sur une question traitée par tous : Est-ce que les animaux pensent ?

Olivier Jeunet

Le bilan des CM1 : grandir du cerveau

Dominique Chauvet

Après la rencontre avec les élèves de terminale, un bilan a été fait en classe avec les élèves pour savoir ce que leur avait apporté ce projet. Après les premières réactions d'enthousiasme débridé, ils ont essayé de donner leurs principales constatations.

Le premier mot employé a été celui de chance. Une chance pour eux de visualiser ce que c'était un lycée, d'avoir été aussi bien accueillis, d'avoir eu de « vraies » discussions avec des grandes, d'être parmi les premiers à tenter cette expérience. Le deuxième terme a été celui de peur. Peur au début de ne pas être à la hauteur, de ne pas comprendre, d'être un peu perdu dans cet univers de grands (la dimension spatiale étant aussi importante pour eux que la dimension intellectuelle). Le troisième terme utilisé a été celui de motivation. Motivation pour travailler, pour réussir dans ses études. Le lycée est perçu pour beaucoup comme un espace de liberté : « c'est super, on peut fumer ou avoir un portable ; même si je trouve débile de fumer, le fait qu'on peut, c'est cool ! », un endroit où l'on aborde plein de disciplines nouvelles : « c'est pas comme à l'école, on rabâche pas toujours la même chose, il y a toujours de nouveaux trucs ! »

Les CM1 ont apprécié que les élèves de terminale aient eu un exemplaire de leur travail avant la rencontre : « Comme ça, on pouvait tout de suite commencer. » Si au début ils étaient tous un peu intimidés, ils ont fini par se détendre devant la patience parfois un peu trop maternante des grandes. Ils ont osé dire qu'ils ne comprenaient pas, demander de réexpliquer. Quand on leur demande s'ils pensent que les grandes savent plus de choses qu'eux, ils expliquent qu'elles ont surtout un avantage sur eux, celui de connaître des mots pour désigner des notions et de savoir reformuler une idée. Les élèves ont apprécié qu'elles leur parlent d'auteurs philosophiques, leur démontrant ainsi qu'eux aussi pouvaient connaître et comprendre les idées d'auteurs réputés « pas de leur âge ». Ce déroulement leur a permis de se sentir plus sûrs d'eux, de mieux comprendre (souvent grâce à la reformulation et ils ont beaucoup insisté sur ce point), mais pas de les faire changer d'avis : « Elles sont plus grandes, elles ont eu plus d'expériences, elles savent mieux expliquer, mais elles n'ont pas forcément raison parce que la philo, d'abord, il n'y a pas de bonnes réponses et de mauvaises, il faut juste essayer de se poser les bonnes questions. »

On le voit, cet échange a été très riche pour eux, ils n'ont qu'une envie, le poursuivre. J'ai été ravie de mener ce projet car il a donné beaucoup de sens à d'autres apprentissages. Tout d'abord, il permet à l'enfant de prendre conscience de sa richesse, de sa spécificité, et développer l'échange philosophique avec des personnes plus âgées lui donne une confiance en soi. L'image souvent négative que portent sur eux-mêmes ces enfants d'école dite difficile est remise en question. Ils se découvrent penseurs, ils se construisent peu à peu argumentateurs, ils arrivent à se projeter dans un monde d'où ils pouvaient se sentir exclus.

Pour conclure, je leur laisse la parole. Quelques réponses à la question : et la philo, qu'est-ce que cela t'a apporté ?

« Dans ma vie de tous les jours, des fois je me fais des mini-débats dans ma tête. Je cherche s'il n'y a pas plusieurs réponses. »
« On peut voir tout noir ou tout blanc, maintenant on connaît le gris. »
« Ça va m'aider pour plus tard, je comprendrai mieux les choses. »
« Moi, ça m'aide à grandir. »
« Moi, ça me fait grandir du cerveau ! »

Et pour l'enseignement de la philosophie en terminale ?

Bruno Jay, Thomas Duval

L'enseignement de la philosophie vise moins à apporter des connaissances aux élèves qu'à développer leur capacité de réflexion personnelle. Cet objectif est ambitieux et, il faut bien l'avouer, trop rarement atteint. C'est qu'il met en jeu, au-delà des *habitus* scolaires des élèves, un ensemble de qualités personnelles (curiosité, souci du sens et du vrai et tout ce qu'on rassemble sous l'étiquette de maturité) semblant échapper à la sphère de l'enseignement.

Comment obtenir des élèves qu'ils s'investissent davantage dans la réflexion, qu'ils habitent leur parole au lieu de s'en retirer comme ils le font si souvent, d'une manière ou d'une autre, dans leurs dissertations ? Comment les inciter, sinon à penser par eux-mêmes, du moins à « penser ce qu'ils disent » (à y prêter attention, à se soucier de la pertinence et de la logique de leurs discours) ? Comment leur permettre de dépasser l'alternative, stérile sur le plan de la réflexion, entre « je dis ce que je pense » et « je dis ce que les auteurs pensent » ? Un parrainage philosophique de jeunes écoliers du primaire par ses élèves de terminale peut-il aider le professeur de philosophie ?

Cet échange place les grands dans une situation de responsabilité leur permettant, bien mieux qu'en cours ou à l'occasion de travaux soumis à évaluation (dans lesquels ils jouent la carte hors-jeu de la sécurité), d'être davantage dans leur parole, d'en découvrir le poids. Ayant à répondre devant les petits de ce qu'ils disent, ils ne peuvent *a priori* pas éviter de s'interroger sur le sens des idées qu'ils émettent, que ce soit pour en mesurer la portée, les expliciter en cas de besoin ou bien les remettre en question. Autant d'opérations constitutives de la réflexion philosophique et souvent absentes de leurs travaux écrits.

Les vertus pédagogiques des situations d'enseignement sont bien connues des professeurs qui, honteusement (crainte d'être accusé d'imposture) ou jalousement, sans trop le dire en tous cas, ne cessent d'en bénéficier : on apprend autant sa matière sur le tas, en l'enseignant, que sur les bancs des écoles ou des universités. Pourquoi ne pas en tirer la leçon et en faire profiter nos élèves ? Et ne pas nous contenter, dans notre pratique, de prodiguer quelques conseils informels qui resteront lettre morte, du type : « Imaginez que vous vous adressez à votre petit frère ou petite sœur. » N'est-il pas davantage souhaitable que soient réellement et jusqu'au bout exploitées les potentialités pédagogiques que recèlent de manière plus générale toutes les situations de responsabilité[1] ?

Il est difficile de faire le bilan de ce parrainage philosophique : l'expérience n'est pas terminée (il reste à donner forme à ses prolongements, par exemple en continuant l'échange sur outil audiovisuel) et l'impact n'en est pas immédiatement mesurable. Si cette initiative a fait l'unanimité parmi les élèves de terminale L, ce n'est pas toujours pour les raisons qui fondent les espérances de leur professeur. On a d'ailleurs pu observer que les élèves, lors de la rencontre, avaient tout autant expérimenté les difficultés de l'acte d'enseignement (en tombant dans certains de ses travers : argument d'autorité, pensée moralisatrice voire dogmatique, difficultés à entraîner les enfants sur un terrain philosophique : tendance à raconter sa vie, etc.) qu'elles n'ont mis en œuvre les capacités philosophiques qu'il requiert lorsqu'il s'agit d'aborder avec les petits les grandes questions de l'existence. Mais la prise de conscience qui en a résulté justifierait à elle seule l'entreprise.

Il ne faut pas oublier non plus que malgré le sérieux des élèves et leur investissement dans le projet, cette expérience pédagogique s'est inscrite dans un cadre hypothéquant quelque peu ses chances de réussite optimale : pour les élèves de terminale ainsi que leurs parents, la préparation au bac reste normalement la priorité ; toute initiative ne suivant pas le programme à la lettre (même si dans l'esprit elle le sert et le soutient) peut être mal perçue. Cela contraint le professeur à ne conduire ce projet qu'en marge de son cours alors que l'idéal serait de l'articuler plus étroitement autour des questions des enfants. Ajoutons que ces contraintes, si elles pèsent sur la réalisation de ce projet avec une classe de terminale L, le rendent quasiment impossible dans les autres sections dans lesquelles le nombre d'heures de philo est nettement inférieur. Loin de remettre en cause l'intérêt d'une expérience de ce type, particulièrement riche sur les plans à la fois pédagogique et philosophique, et pour tout dire humain, toutes ces limites montrent au contraire le bénéfice qu'il y aurait à la développer et à la répandre dans un cadre institutionnel s'y prêtant mieux.

NOTE

1. Ce qui apparaît bien dans *Le Maître ignorant* de J. Rancière : « Qui pourrait comprendre que le moyen pour eux [les jeunes esprits] de s'élever dans l'ordre intellectuel n'est pas d'apprendre des savants ce qu'ils ignorent mais de l'enseigner à d'autres ignorants ? », Paris, Fayard, 1987, p. 220.

Atelier philosophique et artistique

Stéphane Gardé,
intervenant philosophe.
Marie Demathieu,
coordonatrice « Carré de nature, carré de culture »
à la maison de l'Innovation.

LA MAISON DE L'INNOVATION, centre de culture scientifique, technique et industrielle d'Auvergne (CCSTI), est l'initiatrice dans le département du Puy-de-Dôme d'ateliers de pratique philosophique et artistique à destination des classes de Segpa dans les collèges. Ce projet correspond à la mise en œuvre sur le plan local d'une stratégie éducative proposée par la Fondation 93, CCSTI de Seine-Saint-Denis. L'expérience a déjà été menée à trois reprises dans le département du Puy-de-Dôme. Elle consiste à sensibiliser les élèves à une pratique réflexive sur un thème précis défini à l'avance. Ils sont accompagnés par un philosophe puis invités, avec l'aide d'un artiste plasticien, à exprimer de façon créative le produit de leur réflexion.

Les classes de Segpa (sections d'enseignement général et professionnel adapté) sont composées de jeunes âgés de 11 à 16 ans, de la 6e à la 3e, mis « en marge » du système classique, la plupart étant en échec scolaire. Ces sections leur permettent de recevoir un enseignement plus axé sur la pratique (travail en atelier) et débouchant sur un apprentissage. Ces jeunes vivent en général des situations familiales difficiles. Ils sont souvent au cœur du malaise des quartiers et entretiennent entre eux un système particulier de relations sociales. Pour toutes ces raisons, ils connaissent de réels problèmes d'insertion. Manquant de confiance en eux, ils ont des comportements agressifs et développent des rapports de force avec leurs pairs mais aussi avec les adultes. Ils agissent souvent de façon impulsive, sans réellement se poser de question mais en reproduisant des modèles de groupes, particulièrement ceux de leurs aînés : désintérêt pour l'école, identification à des clans…

Dispositif proposé

Enjeux et objectifs pédagogiques

L'opération « Carré de nature, carré de culture » a été conçue spécialement pour ce public. Elle a l'ambition de casser le sentiment omniprésent de marginalisation éprouvé par ces jeunes en leur proposant les moyens de prouver qu'ils sont capables d'accéder à une réflexion philosophique. On écarte ici les situations d'évaluation classique qui les bloquent dans le système scolaire : on minimise l'écrit, on favorise l'oral, la spontanéité, l'écoute…

Le travail de création qui leur est proposé doit les amener à se faire confiance et à faire confiance à leurs partenaires. Ils doivent abandonner leur « statut » de victimes de la fatalité pour se transformer en acteurs qui décident librement de ce qu'ils ont envie de faire ou de ne pas faire.

Pour le bon fonctionnement du travail en atelier, les élèves doivent apprendre à s'écouter, à gérer leur temps de parole, à remettre en cause leurs idées reçues et leurs *a priori*, à se remettre en question et à relativiser leur jugement. Il faut qu'ils arrivent à penser par eux-mêmes, développant ainsi leur esprit analytique et critique.

L'atelier de philosophie débouche sur un travail de synthèse qui dégage une problématique propre à chaque classe. Elle sera le fil conducteur de leur production artistique.

Il leur faut tenir compte des points de vue de chacun, argumenter sur des idées et des choix. Le caractère collectif de l'œuvre exige que l'expression individuelle soit fondée sur l'expérience de la tolérance et de la solidarité.

Passer du travail philosophique au travail plastique est difficile. Il faut que les jeunes arrivent à s'appuyer sur leur réflexion pour penser des formes artistiques : partir des mots pour que la matière véhicule leurs messages à travers des formes symboliques.

L'objectif est aussi la reconnaissance par les pairs, les institutions scolaires ou non. Elle est à la fois collective et individuelle et prend acte dans l'exposition et la présentation des œuvres.

Le déroulement de « Carré de nature, carré de culture »

L'opération est lancée dès la rentrée scolaire et s'achève au mois de juin. Elle doit être présentée comme un projet qui s'inscrit dans la durée.

Tous les niveaux de classes ont été testés, il semble néanmoins que la 4e soit la plus adaptée. Les élèves sont familiarisés avec les ateliers, ils ont acquis des supports et des savoir-faire, ce qui facilite le travail plastique. L'année ne comportant ni stage professionnel ni examen, le projet ne perturbe pas trop l'organisation du programme scolaire.

On choisit le thème qui structurera le travail sur l'année de toutes les classes participantes (exemples de thèmes traités : la violence, apprendre, le bonheur).

Il convient d'amorcer le questionnement philosophique à partir d'une approche non dogmatique pour apprendre aux élèves à faire la part entre ce qui, en l'homme, est de l'ordre de la nature ou de la culture, d'où l'intitulé du projet « Carré de nature, carré de culture ».

Dans un premier temps, chaque classe travaille avec un philosophe (douze heures d'intervention, réparties en séances de deux heures). Sa mission consiste à guider les élèves dans leur réflexion, à leur donner l'envie de poser des questions : étonnement, sens critique, méthodologie…

Ils sont mis en situation de produire peu à peu une pensée argumentée. Ils prennent conscience des relations de dépendance ou d'opposition qui peuvent exister entre les différentes notions auxquelles le thème les renvoie.

Dans un second temps, un artiste plasticien accompagne les classes dans leur travail créatif (26 heures d'intervention, le plus souvent par séances de deux ou trois heures). Il n'y a pas de consignes particulières sinon que la réalisation doit être transportable (2 m par 2 m au sol). Les élèves sont invités par le plasticien à produire du sens non plus à travers le verbe, mais à travers la matière. Ce travail leur permet de transformer des matériaux en véritables symboles d'une pensée pleinement réfléchie.

En cours d'année, enseignants et intervenants extérieurs choisissent un site à visiter, en fonction de l'intérêt qu'il présente pour faire avancer le travail des élèves. Cette visite est organisée au moment où elle peut enclencher ou dynamiser le travail artistique.

Au début du mois de juin, tous les acteurs du projet se réunissent dans un amphithéâtre (élèves, enseignants, intervenants, équipes d'accompagnement…) pour une demi-journée de restitution. Les réalisations plastiques sont exposées sur la scène et présentées par des porte-parole de chaque classe à l'assemblée. Ils expliquent aux autres comment leur groupe a mené sa réflexion et les questions sur lesquelles il a particulièrement travaillé.

Les élèves présents dans la salle peuvent à tout moment intervenir, soit pour apporter des précisions, soit pour poser des questions. Ils découvrent alors qu'un même sujet peut donner lieu à des interprétations diverses et que l'on peut s'enrichir des différences. Un journaliste anime le débat, relance et distribue la parole.

Un philosophe, qui n'a pas suivi les classes pendant l'année, joue le rôle de grand témoin de cette restitution. Il réagit aux travaux des élèves, les aide à « aller plus loin » dans leur présentation, synthétise leurs idées, réoriente la réflexion si besoin est. Il les incite à poursuivre le travail de réflexion individuellement. Il réaffirme cette part d'humanité – entre nature et culture – qu'ils ne doivent plus abdiquer mais au contraire cultiver, en s'autorisant à penser non pas contre l'autre mais avec lui.

Le travail pédagogique

La démarche des philosophes

Les intervenants extérieurs viennent offrir aux élèves un espace de liberté, pour qu'ils donnent ou redonnent sens à leur parole, à leurs pensées. C'est précisément parce qu'ils ont du mal à parler de ce qui relève de l'abstraction qu'il semble intéressant de les y mettre de plain-pied, ce qui leur permet par la suite de s'approprier totalement les concepts et de situer leur pensée et celle des autres.

Il n'existe pas de recette pédagogique. Différentes démarches ont été testées suivant la sensibilité des intervenants, le positionnement de l'équipe pédagogique et les caractéristiques de la classe. On peut citer, pour illustrer le propos, deux manières de faire parmi d'autres.

• Démarche privilégiant un travail sur les mots, les notions et concepts en relation de dépendance ou d'opposition avec le thème :
- les élèves travaillent sur une liste de notions, en essayant de déterminer en quoi chacune se rapproche ou s'éloigne du thème ;
- puis ils se confrontent à des citations philosophiques au sein desquelles manque un mot-clé qu'ils doivent remplacer par un mot de leur choix. Ceci leur permet de s'approprier progressivement le sens profond de la citation.

• Démarche privilégiant un travail sur des textes et citations en relation directe avec le thème :
- après s'être exprimés de façon libre et désordonnée, les élèves entreprennent une « mise en ordre » de leurs réflexions, en mettant en évidence les connections possibles, les oppositions, les dépendances… Une pensée structurée et argumentée se construit. Des textes et des citations de philosophes sont alors abordés, leur choix étant directement induit par le fruit de la démarche réflexive. Les textes sont tout d'abord «défrichés» oralement, commentés et critiqués puis réappropriés en les réécrivant avec le vocabulaire propre aux élèves. L'intérêt est ici de leur montrer que de grands penseurs ont émis les mêmes hypothèses qu'eux, ou l'inverse.
- Exemple d'appropriation de citation :

> *C'est en vain que l'on cherche au loin son bonheur*
> *quand on néglige de le cultiver en soi-même.* ROUSSEAU

> *… c'est comme dans un jardin, la graine elle pousse, si tu t'en*
> *occupes. Et ben le bonheur, c'est pareil, c'est comme une graine que*
> *tu mets dans la tête, et qu'il faut arroser…* OMER (4e Segpa)

La démarche des artistes

Une séance de passage de relais entre le philosophe et l'artiste s'impose pour que les élèves aient bien conscience de la continuité existant entre ces deux pratiques.

Dans un premier temps, les jeunes sont invités à découvrir la pluralité des supports, des matières, des disciplines artistiques…, en les expérimentant eux-mêmes afin d'élargir au mieux leur conscience esthétique et leur sensibilité artistique.

Ils choisissent ensuite, seuls ou en groupes, le mode d'expression artistique avec lequel ils se sentent une affinité particulière. Commence alors le difficile travail de mise en forme artistique du cheminement philosophique.

Le rôle de l'équipe pédagogique

Il est absolument essentiel que chacun des acteurs du projet soit totalement impliqué. Un partenariat entre le philosophe, l'artiste et les membres de l'établissement concerné par le projet est un gage absolu de réussite. Sans une véritable équipe, le projet est « bancal » et perd à la fois de son intérêt et de son efficacité.

Directeurs et enseignants assurent le lien entre les intervenants et la classe. Leur regard s'avère très intéressant puisqu'ils connaissent bien leurs élèves. Ils peuvent poursuivre et nourrir leur réflexion en dehors des interventions, par exemple en français, sur des textes en relation avec le thème choisi, tout en mettant en œuvre le programme scolaire.

Le travail en amont entre le philosophe et le plasticien est lui aussi indispensable car d'une bonne coordination dépend un bon passage de relais.

Le rôle de la maison de l'Innovation

Extérieure au système éducatif, la maison de l'Innovation garantit l'esprit du projet au sein de l'école. Elle en assure la préparation, la coordination et le financement. Elle est en quelque sorte l'horloger du mécanisme. Le suivi du programme se fait dans les collèges, en rencontrant enseignants, élèves, intervenants afin d'apporter les régulations éventuelles en fonction des problèmes rencontrés.

L'investissement des élèves

C'est le jour de la restitution finale que chacun se rend vraiment compte du travail accompli et de l'ampleur du projet. L'événement se déroule dans un lieu culturel prestigieux avec des invités de la presse mais aussi des élus, ce qui donne une certaine solennité. Grâce aux échanges et aux sollicitations du témoin philosophe, les jeunes mesurent la cohérence entre les ateliers de pratique philosophique et artistique. En découvrant les réalisations des autres classes, ils se rendent compte de la relativité du jugement.

Lors de la demi-journée de valorisation sur le thème « apprendre », certains élèves ont réagi de manière très inhabituelle, provoquant l'étonnement des équipes pédagogiques : un élève de 14 ans, très solitaire en classe, s'est transformé ce jour-là en porte-parole du groupe, expliquant l'œuvre de la classe aux 150 personnes présentes, ceci avec un niveau de réflexion « détonnant », aidant ses camarades à s'exprimer : « En fait, il veut dire que… » Une élève du même âge, totalement inhibée en classe, qui se mettait à pleurer à la simple demande de son prénom, est descendue d'elle-même sur la scène, prenant le micro pour détailler sa contribution à la réalisation collective : une araignée qui lui avait permis de « faire sortir sa peur ».

Les enseignants témoignent que le travail collectif permet de souder les élèves au sein de la classe, le groupe ne se gère pas de la même façon lors du travail en atelier. Des moments d'autonomie se mettent en place lors du travail plastique, les élèvent gèrent le chantier.

Ils ont remarqué un renversement des valeurs : lors de travaux de ce type, ils constatent une redistribution des rôles. Des élèves timides et inhibés peuvent devenir « phare » pendant un temps, les leaders ne sont pas les mêmes qu'à l'ordinaire.

Ce type de projet permet souvent d'améliorer les rapports entre élèves et enseignants.

L'élève, nourri d'un petit terreau philosophique est créateur et créant, il se crée... Mme Prensier, directrice de Segpa

Culture et nature, pour une valorisation de soi.
M. Marquet, instituteur en Segpa

Au terme de la troisième édition des « Carré de nature, carré de culture », on peut considérer que ce type d'initiative provoque chez la plupart des élèves une prise de conscience des capacités à réfléchir avant d'agir. C'est un temps qui leur permet de prendre leur propre mesure par rapport à leur environnement, mais aussi à leur avenir. Le problème important qui se pose alors est de savoir comment on peut maintenir cette dynamique fragile une fois le programme achevé. Il faudrait sans doute imaginer, tout au long de la classe de 3e, un autre type de réflexion philosophique qui préparerait les élèves à mieux se situer au moment d'aborder le monde du travail.

Temps philo et élèves en difficulté, ou comment communiquer pour développer un esprit critique

Marie-Christine Douzamy-Blachère,
professeur des écoles.

J'AI ENSEIGNÉ trois ans dans le secteur de l'adaptation et de l'intégration scolaires (AIS), puis je me suis engagée dans une formation d'enseignant spécialisé. Durant ce temps de formation, sur mon lieu de stage en 5e Segpa, j'ai constaté que :
- les élèves de la classe qui m'a accueillie avaient, pour une grande majorité, une image d'eux-mêmes très dévalorisée, souvent à cause d'un parcours scolaire très chaotique ;
- la prise de parole était problématique pour bon nombre d'entre eux ;
- le rapport à la loi était en général trop fort, que ce soit dans la soumission ou la révolte ;
- de plus, ces élèves sont appelés à vivre rapidement dans un monde professionnel où est exigée une autonomie qu'ils sont loin d'avoir.

C'est pourquoi j'ai décidé d'essayer de répondre à la question suivante : comment amener ces élèves à communiquer, réfléchir et argumenter afin qu'ils puissent évoluer dans la représentation d'eux-mêmes et leur perception d'un monde qu'ils devront investir demain en citoyens éclairés ?

À l'IUFM de Lyon, alors que j'exerçais dans l'AIS, j'avais été informée d'une expérimentation menée qui consistait à proposer à des classes d'enfants d'âges divers des moments de philosophie.

Avec cette classe, il m'a semblé opportun de mener ces temps de réflexion de groupe. La philosophie m'est apparue comme un des outils adaptés pour répondre à ma problématique. En effet, la pratique de la philosophie appelle une confrontation de nos représentations à celles d'autres. Elle offre la possibilité d'un regard critique sur la société qui nous entoure. Elle permet une réelle communication à l'autre qui doit passer par : se dire, dire, être écouté, être entendu, être compris. Cela implique une qualité qui passe par le choix de mots justes, d'oser prendre la parole, d'accepter la critique. C'est accepter de « se faire violence » et essayer de donner le meilleur de soi.

Il me fallait, pour favoriser ces échanges dans la classe, à la fois instaurer un cadre rassurant mais aussi trouver un sujet motivant afin de les amorcer et de les stimuler. C'est ainsi que j'ai décidé de mener en parallèle un projet autour du thème de la loi dans notre ville. Cette démarche a été mon point d'entrée auprès de la classe. Puis, alors que notre projet a pris forme, j'ai institué des temps philo.

Je vais essayer de montrer comment ces deux temps différents mais complémentaires du travail des élèves ont pu les amener à s'interroger, communiquer et réfléchir sur nos lois mais aussi sur eux en tant que partie pensante et donc partie prenante de cette société.

Des temps philo au service de l'éducation et de la citoyenneté

Le choix du thème

L'éducation à la citoyenneté correspond à une demande sociale. En Segpa, elle est l'une des priorités. Une circulaire de 1998 la présente comme « une discipline d'enseignement qui donne accès à des connaissances, notamment juridiques et institutionnelles qui réunit un ensemble de références communes à tout futur citoyen. » J'ai donc choisi d'aborder l'éducation civique par une découverte de la loi en France dans un premier temps. Les élèves partaient à la découverte de notre système juridique, ce qu'il implique comme choix de société, les droits et les devoirs du citoyen.

La circulaire stipule aussi que l'éducation civique est, « à une époque où l'établissement scolaire reste pour certains élèves un des seuls endroits où ils apprennent à vivre ensemble et s'approprient les règles sociales, une éducation quotidienne à une attitude responsable et au respect des règles de vie dans la communauté scolaire. »

J'ai donc décidé d'amener dans un deuxième temps les élèves à un questionnement sur le bien-fondé du règlement au collège afin d'essayer d'aboutir à une meilleure compréhension de notre vie quotidienne en milieu scolaire. L'objectif évident, commun au groupe classe à travers ce projet, était d'acquérir des connaissances juridiques et institutionnelles.

Les objectifs sous-jacents, facilitant une prise de parole ultérieure, étaient :

– de fédérer le groupe classe par des sorties ;

– d'instaurer un climat relationnel différent entre élèves par des temps de travail de groupe ;

– de décentrer la place de l'enseignant entre élève et savoir par le biais de rencontres avec des partenaires extérieurs.

Comme le souligne Bernard Defrance, l'école n'est pas une communauté, elle est une société. Les individus qui la constituent ne se sont pas choisis. « L'enjeu de l'éducation à la citoyenneté est donc d'apprendre à vivre, à coopérer avec d'autres, avec lesquels on n'a pas choisi de vivre. » Comment imaginer transformer les élèves en citoyens libres et responsables sans leur permettre de connaître et d'expérimenter une culture où ils s'essaieraient à l'expression et à l'écoute dans un groupe de pairs ?

Les temps philo : pourquoi et comment ?

Les temps philo empruntent à la pédagogie institutionnelle quant au mode de fonctionnement : un temps, un lieu, un cadre. Les temps de parole et d'échanges conditionnent, par le climat favorable qu'ils installent, l'appropriation du savoir chez l'enfant. Avec Françoise Dolto, je pense que « l'être humain est avant tout un être de langage. Ce langage exprime son désir inextinguible de rencontrer un autre, semblable ou différent de lui, et d'établir avec cet autre une communication. »

Le moment philo a donc été un temps d'échange entre pairs, où le rôle de l'adulte est d'être garant du respect du bon déroulement et d'agir simplement en tant que régulateur et facilitateur. Les règles ont été simples : on ne se moque pas, on lève la main pour demander la parole, on écoute celui qui parle, on a le droit de se taire mais on a le devoir d'écouter. Il n'y a pas de bonnes ou de mauvaises réponses, on exprime ce que l'on pense.

Le temps philo a été un lieu précis dans l'espace classe. Pour casser les relations habituelles élève-enseignant, il m'a semblé opportun de modifier l'environnement. À chaque fois, les élèves ont formé un cercle afin de se trouver dans une situation conviviale.

Il y a eu un cadre, matérialisé par des rites qui ont permis d'installer les élèves. Par exemple les phrases qui ouvraient les séances : « En silence, je vous demande de réfléchir, un instant, à la question (sujet). Je déclare le moment philo du (la date) ouvert. » Dans notre cas, il a duré de 40 à 60 minutes en fonction de l'intérêt des élèves par rapport au sujet, à raison d'une séance par semaine pendant 8 semaines.

Je mettais fin à la discussion par la phrase « le moment philo du (la date) est terminé », puis quelques minutes suivaient pendant lesquelles les élèves pouvaient noter sur une « feuille de route » ce qu'ils souhaitaient. Ils écrivaient alors en vert lorsqu'ils étaient en accord avec le contenu de la phrase qu'ils choisissaient de noter, en rouge lorsqu'ils étaient en désaccord et en bleu s'ils ne se positionnaient pas.

Pour moi, la philosophie c'est apprendre à employer les mots avec rigueur et tenter de conceptualiser. Afin de donner du sens à cette activité, j'ai expliqué à la classe qu'étymologiquement la définition de la philosophie était l'amour de la sagesse. Ils se sont exprimés à propos de ce qu'ils mettaient derrière le mot sagesse. Un élève a évoqué les sages du conseil dans les tribus indiennes et de ce « qu'ils étaient écoutés parce qu'ils savaient ». Partant de là, je leur ai indiqué que chacun d'entre eux possédait une partie du savoir et que nous étions là, ensemble, pour échanger. J'ai parlé aussi de la nécessité dans une vie professionnelle notamment de prendre la parole à des moments où l'on n'est pas à l'aise : situation d'oral d'examen ou d'entretien d'embauche.

Je me suis, à chaque moment de la démarche, posée la question de l'évaluation individualisée.

J'ai donc mis au point une grille afin d'analyser ce qui s'est modifié au long de ces échanges que j'ai pris le temps de retranscrire. J'ai pu ainsi mesurer l'évolution du discours de chaque élève.

J'ai présenté les modalités de ce moment philo, je vais maintenant reprendre l'un après l'autre les trois objectifs que je m'étais fixés dans ma problématique, à savoir : amener ces élèves à communiquer, à réfléchir et à argumenter.

Communiquer, réfléchir, argumenter

Communiquer

Une réelle communication implique un émetteur et un récepteur. Quel intérêt de s'exprimer si l'on n'est jamais entendu ? Nous dirons avec Albert Jacquard que le rapport à l'autre est nécessaire fondamentalement pour être conscient.

Sans les autres, nous pourrions exister mais ne pas le savoir. « Ma capacité à penser et à dire *je* ne m'a pas été fournie par mon patrimoine génétique. Je n'ai pu dire *je* que grâce aux *tu* entendus. »

Pour des adolescents qui ont d'eux-mêmes une image souvent dévalorisée, la prise de parole est une prise de risque. Prendre la parole, c'est prendre le risque d'être jugé, contredit. Ces jeunes en souffrance ont parfois peur de s'exposer à autrui. Au début peu d'élèves intervenaient, souvent les mêmes, mais l'attitude de certains montrait cependant qu'ils en avaient envie. La confiance est venue progressivement, et soit spontanément, soit parce que je les sollicitais un peu plus directement, ils se sont lancés. Tous les élèves de 5e se sont exprimés. Une majorité ont, au début, donné des réponses correspondant à leurs représentations spontanées du monde sans toujours utiliser les mots les plus appropriés. Certains se limitaient à émettre une opinion, simplement en se positionnant par rapport à ce qui venait d'être dit, mais, lorsqu'un élève exprime une opinion, il existe en tant qu'individu différent au sein d'un groupe. Au fil du temps, ils ont appris à être plus précis, à anticiper la difficulté des autres à comprendre et à élaborer un discours plus cohérent.

L'évolution de cette aptitude à communiquer s'est manifestée à la fois par l'augmentation du nombre de prises de parole, et par la qualité de ce que chacun a accepté de dévoiler. Quelques élèves très inhibés ont été longs à prendre le risque de se faire entendre. Comme je l'ai indiqué précédemment, j'avais fixé pour chaque élève des objectifs différenciés.

Mon rôle, lors des moments philo, était d'aider les enfants à s'exprimer avec leurs mots. En empruntant des techniques relevant de l'entretien d'explicitation, telles que la redite des derniers mots ou la reprise des gestes, je les ai aidés à s'exprimer. En huit semaines, la communication s'est instaurée de façon plus détendue, avec des touches d'humour, dans le respect de l'autre. Chacun a pu s'exprimer plus ou moins fréquemment, mais tous ont été entendus et reconnus. Une certaine complicité s'est nouée entre les élèves. Je rejoins Philippe Meirieu :

« Le rôle de l'école, c'est de donner la parole à ceux qui ne la prennent jamais, convaincre les silencieux qu'ils bénéficient d'un espace de sécurité, la classe, où ils peuvent enfin parler à haute voix sans subir réprimandes, moqueries et jugements à l'emporte-pièce. » Cet objectif a été atteint dans cette classe de 5e.

Réfléchir

Matthew Lipman dit : « On présuppose communément que la réflexion engendre le dialogue alors qu'en réalité c'est le dialogue qui engendre la réflexion. » C'est parce qu'il y aura un conflit entre ce que je pense et ce que l'autre exprime que je reviens avec un regard différent sur mes conceptions. C'est ce nouveau regard qui va me permettre soit d'être confortée et d'étayer mon opinion, soit de la modifier. C'est grâce à une perception qui emprunte à l'autre que je peux me décentrer par rapport à mes convictions ou à mes croyances.

Le cadre des moments philo oblige à la confrontation et incite au dialogue. Entre pairs, la sensibilité et les questionnements sont proches. À tel point que parfois des élèves se sont proposés pour expliquer les idées que d'autres exprimaient mal.

Cette similitude engendre une meilleure compréhension et ce contexte d'entente valorise l'apport de chacun dans la mise en commun des connaissances. Le dispositif encourage les interactions sociales et active des conflits sociocognitifs. C'est notamment la discussion entre pairs, à propos de dilemmes, qui conduit les jeunes à des choix et des résolutions de plus en plus matures. Les moments philo engendrent ce que Matthew Lipman nomme le « bien penser » : développer une pensée réfléchie, accéder progressivement à une pensée autonome, critique et raisonnable.

Si l'on prend comme exemple la notion de liberté, les élèves ont construit en s'écoutant, par touches successives, un concept acceptable par l'ensemble, en l'affinant au fur et à mesure de l'émergence des réflexions de chacun.

Il est difficile de pointer à quels moments ont été activés des conflits sociocognitifs mais il est intéressant de comparer les représentations premières et ce que les élèves décident de noter sur leur feuille de route. Bien sûr, certains resteront sur leur représentation initiale, mais il n'est pas dit que ce qui a été entendu ne germera pas plus tard. J'ai aussi noté que certains enfants, surtout ceux qui se sont exprimés régulièrement, se sont exprimés de façon moins spontanée, plus réfléchie.

Marie-France Daniel expose que dans une discussion philosophique, l'important n'est pas de trouver une « bonne réponse » rapidement. Le critère important est la possibilité d'exprimer une pensée autonome afin, au fil des interventions, de permettre une aventure intellectuelle qui s'élabore comme une pyramide. Elle explique que « la discussion philosophique n'évolue pas comme un simple processus linéaire, mais qu'il s'y produit des emboîtements multiples. » C'est pourquoi, si à la fin de la discussion il ressort plus de questions que de réponses, on peut penser que l'on est allé plus loin dans l'affinement de l'esprit critique, de l'analyse et du doute en rapport avec de prétendues évidences.

Lors de la discussion autour de « l'intelligence, qu'est-ce que c'est ? », après environ 40 minutes de débat, alors que je me préparais à y mettre un terme, un élève a posé une question nouvelle qui a fortement remobilisé tout le groupe : « Les personnes qui sont à l'hôpital psychiatrique, ils sont intelligents ou pas ? » Ensuite la discussion a rebondi. Je crois, qu'ici, on peut véritablement parler de pensée autonome en ce que son questionnement est bien une création personnelle.

Une autre preuve de cette autonomie, à mes yeux, est la façon des élèves de se positionner tout au long de ces moments philo par des « je suis d'accord » ou « je ne suis pas d'accord ». Cela signifie que celui qui parle est conscient de ce qui vient d'être énoncé, de ses opinions et ne craint pas de les dire. Pris au jeu, ils ne se soucient plus de ce que l'enseignant peut en penser. On se situe bien dans un dialogue de coopération et d'élaboration de la pensée, sans positionnement hiérarchique ou rapport de force qui pourraient biaiser la réflexion personnelle.

La collaboration entraîne la confrontation des idées, ce qui nous amène à faire des choix. En avançant dans la recherche collective de la vérité, quelques élèves se sont, lors des temps philo, essayés à argumenter.

Argumenter

Argumenter, c'est justifier de façon rationnelle et probante des réponses dûment fondées. On argumente pour tenter de persuader et d'amener l'interlocuteur sur ses propres positions. Les débuts de tentative de justification de leur propos par les élèves de 5e ont été souvent des exemples personnels d'autant plus efficaces qu'ils sont communs. Michel Tozzi décrit cela comme s'élever au-dessus de son cas singulier pour faire parler en soi l'esprit d'analyse qui est commun avec ceux qui réfléchissent et qui permettent alors de s'adresser à un auditoire universel.

Argumenter implique une vigilance pour se décentrer de son propre point de vue et prendre en compte celui à qui on s'adresse.

Une élève a étayé son propos sur l'intelligence en prenant deux positions contradictoires face à un problème et restitué ce que pourraient penser deux personnalités extrêmes. Argumenter, comme elle l'a fait ici, entraîne une complexification et une réorganisation de la pensée qui intègre l'autre. C'est en exerçant cette faculté à argumenter et à contre-argumenter que se développe le regard critique. La pensée critique, dont parlait Lipman, est un processus régulateur de la pensée individuelle qui questionne l'apparence et l'illusion. Elle mène à la pensée raisonnable, celle qui est capacité de juger et de faire le lien entre la pensée et l'action dans le respect des valeurs choisies. Ce n'est pas l'ensemble des élèves qui est arrivé au stade de l'argumentation, mais certains s'y sont essayés.

L'apport des temps philo au projet

Travailler autour du thème de la loi n'était pas souhaiter transformer les élèves de 5e Segpa en experts juridiques. L'objectif principal était de leur faire percevoir la nécessité de règles dans un État démocratique.

En ce qui concerne le système juridique, je sais qu'ils ont progressé dans la compréhension du fonctionnement. Cela leur a permis de se pénétrer de l'esprit des lois. L'étude du fonctionnement judiciaire français et le questionnement qu'il a induit ont donné un nouvel éclairage sur la vie en micro-société qu'est le collège. Ils ont su, lors de l'évaluation finale, exprimer les côtés non seulement répressifs d'un règlement mais aussi en dégager les aspects préventifs.

Je reste persuadée que le travail de groupe est socialisant et que la décentration de la place du maître qui en découle permet un dialogue plus mature avec les élèves.

Jacques Thuillier écrit qu'éduquer des adolescents à la citoyenneté suppose qu'on porte sur eux un regard positif et respectueux de leur dignité. Je le rejoins lorsqu'il dit que l'éducation à la citoyenneté doit rendre capable d'exercer la citoyenneté.

Pour moi, devenir un citoyen à part entière, c'est avant tout pouvoir communiquer afin de s'impliquer. Or, l'accès à la parole (dont la maîtrise est une compétence transversale qui relève de toutes les matières) existe, dans la réalité scolaire, rarement de façon démocratique.

C'est là que les temps philo trouvent leur place et l'une de leur justification.

Les temps philo, moteur de la réflexion individuelle

Ils sont pour moi l'une des formes possibles de travaux pratiques de l'éducation à la citoyenneté. En effet, leur bon fonctionnement repose sur des attitudes relatives au vivre ensemble : respect de l'autre, liberté d'expression, tolérance, égalité face aux règles. D'autre part, pour des élèves en difficulté, le projet (quel qu'il soit) est une entrée rassurante et fédératrice si l'on prend le temps de s'assurer leur adhésion en expliquant comment et pourquoi il leur est destiné.

La difficulté d'introduire ces moments philo vient du fait qu'ils ne relèvent pas spécialement d'une matière tout comme les compétences visées. En effet, le développement de l'esprit critique n'est pas lié à une matière plus qu'à une autre. Dans ce cas, le choix de l'éducation à la citoyenneté s'est fait en fonction du contexte. Dans un autre lieu, le mobile aurait pu être de travailler l'argumentation en maths ou en SVT ou l'oral en français.

Peu importe « l'excuse », ces temps philo sont aussi les moments privilégiés, où par la réflexion les élèves vont s'approprier des valeurs : en réfléchissant sur des thèmes comme l'injustice ou le racisme, ils ont été appelés à examiner l'écart entre ce qu'ils définissaient dans l'idéal et ce qu'ils vivent quotidiennement. Ceci n'est pas une recette miracle, mais les petites agressions quotidiennes qu'ils s'infligent entre eux ne cesseront pas s'ils ne perçoivent pas d'eux-mêmes qu'ils sont en désaccord avec le discours qu'ils tiennent. Avec Philippe Perrenoud, nous dirons que le « contrat social nécessite une construction laborieuse, l'aboutissement d'un cheminement intellectuel qui amène à comprendre qu'il y a peut-être plus à perdre qu'à gagner à ce que la société soit une jungle. »

Discuter autour d'un sujet commun

Le fait d'avoir enquêté sur le système judiciaire a permis de démarrer les discussions avec un vécu commun auquel les élèves se sont beaucoup référés, que ce soit l'article de journal, la vidéo, les visites ou les différentes rencontres. Les contenus présentés sont entrés en résonance avec les expériences menées parallèlement au cours du projet sur la loi. Cela a enrichi la compréhension et facilité l'appropriation des sujets.

Critiquer et comprendre

Les temps philo ont été une ouverture au questionnement. Les élèves ont pu communiquer, émettre des hypothèses, les critiquer et argumenter. Leurs pensées personnelles se sont frottées au principe de réalité qu'est l'autre.

Ces temps philo permettent une meilleure prise sur le concret. Ils ont bousculé les croyances et entamé un processus irréversible d'appropriation de la logique par le dépistage des contradictions de la pensée. Bien sûr les élèves n'ont pas tous accédé à la pensée raisonnable mais il me semble que chacun a participé avec plaisir. La pratique de la réflexion de groupe confère à l'élève un statut social. Se sentir actif, participatif, devenir responsable de ses actes parce que la prise de conscience et la construction des idées peuvent prévaloir sur les pulsions, voilà une opportunité de se reconstruire une image valorisante.

Pour clore ce bilan, je suis heureuse de citer Bernard Rey, que j'ai eu la chance d'avoir comme professeur de philosophie : « Ce n'est pas l'autorité qui décide du bien-fondé d'une affirmation. Chacun en tant que porteur de la possibilité de raisonner est l'égal de l'autre. C'est en vivant l'égalité et la liberté de penser dans la recherche en commun de la preuve que les élèves peuvent se socialiser. »

Je souhaitais amener ces élèves à communiquer, réfléchir et argumenter afin qu'ils puissent évoluer dans la représentation d'eux-mêmes et dans leur perception d'un monde qu'ils devront investir demain en citoyens éclairés. L'objectif était ambitieux et il serait illusoire de prétendre l'avoir atteint à l'issue de ce stage. Je pense que certains ont pris conscience de la richesse en eux (comme individu et comme groupe classe) et j'espère qu'ils apprendront à s'y fier.

« Bien penser » est perfectible, j'en suis intimement convaincue. Je suis persuadée que la classe qui a pratiqué la philosophie a touché cela du doigt : on peut toujours améliorer ses connaissances du monde, de l'autre et surtout de soi-même en tant qu'infime partie d'un tout, et cela dans le respect mutuel.

Table des matières

- PRÉFACE 5
  Anne-Marie Perrin-Naffakh
- Ouvrir le banquet de la connaissance 9
  Alain Beretetsky

Chapitre I
ENJEUX ET PRINCIPES DE CES NOUVELLES PRATIQUES PHILOSOPHIQUES

- Qui interroge qui ? Nouvelles pratiques philosophiques et philosophie 15
  Michel Tozzi
- Peut-on parler de pratique philosophique ? 23
  Oscar Brenifier
- La philosophie avec tous les élèves : quels enjeux ? 29
  Jean-Charles Pettier
- Tradition de l'Agora et exclusion 35
  Bruno Magret
- Peut-on adapter la philosophie ? 43
  Thierry Bour
- Instruire n'est pas débattre ! Un élève qui existe au cœur de la pratique 47
  François Housset
- Comparaison entre conseil coopératif et discussion philosophique 51
  Sylvain Connac

Chapitre II
LA MISE EN PLACE DE PRATIQUES PHILOSOPHIQUES

- Discussion philosophique : parcours du débutant et identité professionnelle 59
  Samantha Van Geenhoven
- L'écoute dans la discussion philosophique 65
  Emmanuèle Auriac-Peyronnet
- L'importance du dispositif 73
  Alain Delsol
- L'atelier philosophique Agsas 79
  Agnès Pautard

- Articuler l'oral et l'écrit dans une pratique philosophique au CE1   85
  Nicole Boudou-Roux
- Travailler sur les arguments   91
  Michèle Héricourt
- Le débat à visée philosophique au service d'un projet de lecture en RASED   97
  Sophie Chartier
- Primaire-terminale : une rencontre philosophique   101
  Françoise Carraud, Olivier Jeunet, Dominique Chauvet, Thomas Duval, Bruno Jay
- Atelier philosophique et artistique   107
  Stéphane Gardé
- Temps philo et élèves en difficulté, ou comment communiquer pour développer un esprit critique   113
  Marie-Christine Douzamy-Blachère

Extraits du catalogue *Documents, actes et rapports* « philosophie »

Cours de philosophie de Jacques Muglioni
François Ribes publie ses notes d'élève de terminale en cours de philosophie à Janson-de-Sailly en 1956-1957, en hommage et en reconnaissance à son professeur, l'Inspecteur général Muglioni. Ces notes se présentent ainsi : cours de philosophie en cinq parties (la perception, le savoir, l'action, le sentiment, politique et philosophie) ; étude de Descartes.

Paris, CNDP, 1999, 192 p.

Du corps humain à la dignité de la personne humaine
Du premier enfant conçu in vitro en 1981 aux récentes expériences de clonage, les problèmes éthiques auxquels sont confrontés les médecins et leurs patients n'en finissent pas de défrayer la chronique. Sur quels fondements la société doit-elle s'appuyer pour garantir l'intégrité de la personne humaine ? Comment le citoyen peut-il prendre part à ce débat qui le concerne ?

Paris, CNDP, 1999, 400 p.

Écologie et société
Ce volume propose une mise en perspective de l'écologie par l'examen des formes sociales du questionnement écologique et des fins de la discipline qu'elle constitue. Les quinze auteurs présentent la singularité et l'originalité de leur perspective disciplinaire en s'accordant sur le même double refus du positivisme scientiste et de l'apriorisme métaphysique.

Dijon, CRDP, 1998, 222 p.

Enseigner la philosophie aujourd'hui : pratiques et devenir
Coordonnées par Nicole Grataloup et Jean-Jacques Guinchard, les actes du premier colloque de l'ACIREPH (Association pour la création d'instituts de recherche sur l'enseignement de la philosophie) tracent le portrait d'une philosophie plurielle, vivante et inventive face aux défis qu'elle rencontre - nouveaux publics, nouveaux enjeux. La philosophie, une exception française ? Idée reçue démentie par les témoignages de sa vitalité à l'étranger, en Europe et ailleurs. Une discipline inéluctablement terminale ? Là encore, les exemples étrangers et des expérimentations françaises montrent qu'on peut parfaitement la faire pratiquer plus tôt. La philosophie autarcique, repliée sur elle-même ? On lira au contraire ici comment elle s'enrichit dans les classes au contact avec le français, les sciences ou le droit. Enfin, une discipline enfermée dans une pédagogie unique, rivée une fois pour toutes aux mêmes exercices canoniques ? Les recherches et les propositions concrètes, menées, validées sur le terrain prouvent le contraire.

Montpellier, CRDP, 2001, 262 p.

Histoire et mémoire
Quelle juste place donner à la mémoire sans risquer de tuer l'histoire comme science? Autour de cette interrogation, cinq philosophes et historiens contemporains de renom (Paul Ricoeur, Jeffrey-Andrew Barash, Olivier Abel, Henri Rousso, François Bédarida) proposent leur réflexion. Celle-ci est tirée de conférences faites au cours du colloque «Histoire et mémoire» organisé en janvier 1997 par la MAFPEN. Préface de Martine Verlhac, professeur agrégé de philo et coordonatrice de l'ouvrage.
Grenoble, CRDP, 1998, 96 p.

Jules Lagneau, l'éducateur
Lagneau invitait à penser la pure et simple identité de l'acte philosophique et de l'acte d'enseignement. Cette intuition serait l'origine et le sens ultime de la présence souvent ressentie comme importune de la philosophie au terme des études secondaires.
Dijon, CRDP, 1997, 122 p.

Lectures de Léo Strauss
L'œuvre de Léo Strauss (1899-1973) propose une relecture radicale des philosophies ancienne et moderne à partir de l'hypothèse selon laquelle les grands philosophes ne rendaient, par leur style, leurs propos accessibles qu'aux lecteurs initiés, afin de déjouer la censure. Les textes de cet ouvrage ont une ambition propédeutique: présentation synthétique des thématiques du philosophe, introduction à son «Droit naturel et histoire», à son interrogation sur la morale et la «praxis», à sa prise en compte du judaïsme. Une importante bibliographie de et sur Léo Strauss complète cette présentation.
Dijon, CRDP, 1999, 96 p.

Philosophies de l'actualité
Ces textes issus du séminaire de philosophie de la revue *Passages* tenu en 1996-1997 problématisent les questions philosophiques essentielles du XXe SIÈCLE. Nouveauté de la démarche où philosopher c'est être avant tout et déjà en situation. Penser la modernité c'est penser l'actualité c'est-à-dire expérimenter et conceptualiser l'engagement, l'expérience du combat et du drame, le politique.
Paris, CNDP, 1998, 156 p.

Achevé d'imprimer
en mai 2002
par l'imprimerie
de la Manutention
à Mayenne

Dépôt légal 2e trimestre 2002